産後の
下半身太り&
たるみを
みるみる解消
!

産後美尻ダイエット

山田光敏 Yamada Mitsutoshi

PHP研究所

産後にしかできないボディメイキングをあなたに

今、私が考えているのは、女性が産後、「もう一人産んでもいいかな?」と思えるような“体と心”を作るためにはどうしたらよいかということです。単に腰が痛い、だるいなど産後に起きるさまざまな症状が改善されるとか、きれいになれるといったことだけではなく、産後の大変な時期に育児という重労働を担《にな》っていても、次の子供のことを考えられる体力や気力を持てるようになって欲しいと考えているのです。

「次の子供のことなんて考えられない」という人も少なくないと思います。ですが、産後の育児をしているときに次の子供のことを考えられたら、それだけ余力があるということです。その余力がより健康やきれいにつながるのです。

問題として、「昔の育児法が見直されている」ということが、最近の産後の女性に対して負担をかけています。抱っこや母乳育児など、日本が昔から大切にしてきた育児法が、かえって産後の女性の体と心を蝕《むしば》む危険もあるのに、です。

安心できる産後と、育児のためにどうしたらよいか。それを産後ボディメイキングの中に取り入れることができれば、お母さん方に余力が生まれ、健康ときれいをより多く手にすることができるようになると私は考えています。

理解している自分の体と現実の体は、結構、乖離《かいり》していて、これを正しく知らないと、産後のケアをしたいと思っても無駄な努力を重ねるだけでなく、かえって体にマイナスのことをしてしまう可能性もあります。そこで、本書にはそういった無駄な努力をしないために、産後のケアについて正しい知識を詰め込みました。

「がんばる！」という思いは、ときには空回りします。肩の力を抜いて、お子さんのかわいい盛りでもある産後の貴重な時期に、楽しんで子育てをしてもらいたいと思うのです。そのためには「必要なことだけを行う」「余計なことはしない」、この2つを頭の片隅に入れて、産後にしかできないボディメイキングに取り組んで欲しいと思います。

時が知らないうちに流れていき、ボディメイキングにとって最適な時期を逃してしまうこともあります。私も二人の子を持つ親ですから、こういった産後のケアのために時間を作るのが大変であることは十分理解しています。ですが、ご主人が家事や育児を積極的に手伝うことで、いくらでも産後ボディメイキングの時間を作ることができると思うのです。

産んでしまえば自然と女性の体は回復する、という考え方はもう昔のこと。出産すると骨盤底筋群《こつばんていきんぐん》は損傷します。この時期に産後ボディメイキングをしないと、骨盤底筋群損傷を改善する道は閉ざされてしまいます。ぜひ、ご主人にも本書を読んでいただき、産後のボディメイキングを、夫婦二人の力で成し遂げて欲しいと思います。それが年を取っても女性が健康できれいにいられるための〝唯一〟の方法です。
最後になりましたが、本書を作るにあたり大変お世話になりましたオフィス２０１の小形さん、中西さん、そして本書の企画を立ててくれましたＰＨＰ研究所の大谷泰志編集長、本当にありがとうございました。また、執筆中の私の負担を減らすためにサポートしてくれた愛する家族とスタッフにも、感謝の意を表したいと思います。

皇琲亭にて皆様に感謝の意を表して

山田光敏

●本書は読者の理解のために専門用語を一般用語に置き換えたり、一般的な意味合いで使用している箇所があります。
●〝ストレッチ〟と〝エクササイズ〟は本来目的が異なるものですが、本書では〝ストレッチ〟と表記しているところがあります。
●〝ダイエット〟は本来、食事療法という意味ですが、本書では一般的に使われている〝ボディケア〟などの意味合いを含めて使用しております。

産後美尻ダイエット

もくじ

第3章 産後ボディメイキングの基本メニュー

第4章 パーツ別 産後ボディメイキング

第1章

“産後”のボディメイキングが効果的な理由

産後ボディメイキングは効果が得られやすい

ダイエットの失敗は知識不足が原因

はじめにデータを一つ紹介します。自己流のダイエットを行って、失敗する人の割合は90%といわれています※1。それどころか、99%は失敗するというデータもあるほどです※2。

なぜ、それほどまでに多くの人が自己流ダイエットに失敗するのかというと、その最大の理由は知識不足に起因します。一般の人に、ダイエットに関する情報が少ないというのならまだ分かりますが、残念ながら、この手の本を執筆される多くの〝専門家〟ですら、知識不足は否《いな》めません。そのため、一般の人も多くの場合、リバウンドに悩まされることになります。

産後は骨格を正しい位置に戻すチャンス！

本来、産後というのは変化を起こしやすい時期なんですね。

人の体には〝恒常性《こうじょうせい》〟という、一定の状態に保とうという能力があり、それが〝やせよう〟とか〝体型を整えよう〟として、体を元に戻そうとします。

ところが、出産することで、お腹の中にあった数キロもの胎児や羊水といったものが急激に失われます。本来は「恒常性が働き、出産前の状態を維持」していくのですが、あまりにも急激な変化のため、恒常性が十分に働かなくなります。

しかも、私たちの体は普段、骨格を安定させようと働くのですが、出産前から出産に向けて産道を得るために骨格が緩むため、産後というのは骨格の変化が得られやすい時期となります。そんなゴールデンタイムともいえる時期を何もせずに過ごすのは、なんともったいないことでしょうか！

ただ、最初に書いた通り、知識不足は好ましくありません。これは、ダイエットでも産後のボディメイキングでも同じこと。

例えば、腰痛を改善するためにリハビリを受けたとします。

一般的には、リハビリは早ければ早いほど効果が得られやすく、その後の状態もより良好になるといわれています。ですが、積極的に早めのリハビリを受けようが、通常通りにリハビリを受けようが、1年後、改善度に大きな差がないことが分かっています※3。

適切な時期に適切なことをするのがいちばんよく、適切な時期を無視すると、その努力はあまり報《むく》われません。

正しい知識と適切な運動強度。これが産後のボディメイキングを成功させるために必要な要素です。それでは、産後にボディメイキングの効果が得られやすい理由を、さらに分かりやすく皆さんにお伝えしたいと思います。

産後は恒常性が作用しにくくなる

人の体が、特別意識をしなくても体温を維持できるのは、恒常性と呼ばれる一定の状態を保とうとする機能が備わっているからだということは前述しました。ところが、人にはいくつかの段階において、この恒常性が働きにくくなる時期があります。それは、成長期と妊娠～産後期、そして更年期です。

多くの方が経験していることですが、体型上の問題が起こりやすい時期と、これらの時期はほぼ一致しているのではないかと思います。思春期向けの雑誌、30代の女性を中心読者とした雑誌、そして40～50代の女性を対象とした雑誌は、特にダイエット特集が多いように思います。実は、この3つの時期には共通点があります。それはホルモンの変化が大きいという点です。ホルモンの変化が大きくなると、外からの影響を受けやすくなり、体調や体型も大きく変わってきます。

それでなくても産後の体は骨格が緩んでいるので、骨格を正しく補正しやすいといえます。その上に恒常性が作用しにくくなるのですから、産後というのはボディメイキングがしやすい時期といえるかもしれません。

産後は、過剰なストレスがなくなり体の回復機能が働きやすい

人の体には、ストレスを受けているかどうかを知るマーカーがあります。その一つが〝尿中バイオピリン〟というものです。

これは酸化ストレスの度合いを見るためのマーカーで、妊娠経過に伴い次第に増えてい

き、妊娠末期でピークとなり、産後1か月で低下していくという傾向を示します※4。もう少し分かりやすく説明すると、妊娠から出産にかけて体が感じていたストレスが、産後1か月で低下するということです。

誤解されている人も少なくないのですが、ストレスフリーの生活は、人の成長にとってプラスにはなりません。ストレスがないと妊娠ですらしにくくなるのです。人の体というのは、ストレスがあるから、さまざまな機能が活性化するようにできているのですね。

もちろん、過剰なストレスを受けると機能は低下してしまいます。産後ボディメイキングが産後3か月から開始できるという根拠は、この尿中バイオピリンの推移によるものです。この値が低下しているということは、過剰なストレスがなくなり、体の回復を進めやすいということにもなります。

産後は精神が安定しやすい

妊娠を安定させるホルモンの一つに、プロゲステロンがあります。

このホルモンは、妊娠中も分泌量が増えていき、妊娠8~9か月頃にピークを迎え、出産まで次第に減少して、出産とともに激減します。

あまり知られてはいませんが、このプロゲステロンは精神を安定化させる作用があります。プロゲステロンの低下は、セロトニンというホルモンの分泌を減らすのですが、このセロトニンは、母性を育《はぐく》むオキシトシンとともに〝愛のホルモン〟と呼ばれることもあります。

ですから出産とともにプロゲステロンが激減すると、このセロトニンも激減してしまいます。また、疲れやすくなったり、イライラしやすくなったり、不安になったり、などといった症状が出やすくなります※5。

産後2〜3日から、女性のおよそ半数が経験する情緒不安定な状態（これをマタニティブルーズといいます）が起きてしまうのは、このホルモンの急激な変化が原因の一つです。しかし産後も1か月を過ぎてくると、こういった〝最悪〟の状態から脱することとなり、産後のボディメイキングに取り組もうという意欲が持続できるようになるのです。

産後1か月を過ぎる頃には、体の変化を受けやすい状況にあり、しかも体の回復を促す準備が進み、そしてボディメイキングへの意欲も持続しやすいという、これ以上ないくらい、効果を得やすい環境が揃うのです。

先ほど、恒常性が作用しにくい時期を3つあげましたが、この中でも産後というのは、一番変化を生みやすいことをお分かりいただけたと思います。

※1 『ダイエット失敗は〝シロクマ理論〟のせい？』東洋経済　2013年6月19日

※2 Only one in 100 dieters keeps the weight off, Daily mail

※3 Julie M. Fritz et al, Early Physical Therapy vs Usual Care in Patients With Recent-Onset Low Back Pain , JAMA. 2015;314(14):1459-1467

※4 『妊娠期における酸化ストレスの経時的変化と生活要因の関連』松崎政代　東京大学博医第3336号（2009年）

※5 『若年女性における月経前症候群（PMS）の実態に関する研究』甲村弘子　大阪樟蔭女子大学研究紀要第1号（2011年）

産後、体型が崩れてしまう原因
——①骨格の変化

妊娠すると、さまざまな変化が体に起きる

産後は体型が崩れるもの——これは事実です。なぜなら、出産という非常にドラマティックな出来事を体験するためには、それだけ体も事前に準備をしていかなければならないからです。それも赤ちゃんをお腹の中に宿している最中のこと。急激な変化を起こすことはできませんから、出産準備のために、じっくりと体を作り変えていきます。

基本的に、人の体というのは「重力に打ち勝ちながら移動する」ために進化してきましたが、妊娠したら「胎児を宿すために安定した」状態にならなければいけません。妊娠に伴う変化はあくまで〝出産のため〟のものですから、妊娠していない通常の生活から考えると不都合が生じます。

例えば、歩き方も変わります。足の裏で地面を踏みしめるようになりますから、足首から太ももにかけて太くなります。また、妊娠中は股関節《こかんせつ》の運動が小さくなることも関係して、腰回りにお肉がついてしまうなどといった見た目の変化が起こります。それに伴い、

筋肉の使い方や関節の使い方も変わりますので、それが体に負担をかけることにつながり、腰や背中に痛みを感じるなど、健康上の悪影響も及ぼしてしまいます。

人の体というのは、急激な変化に対しては元に戻ろうという性質があります。反対にゆっくりと変化したものに対しては、なかなか元に戻ろうとしてくれません。つまり産後に何もしなければ、体型の崩れがそのまま定着してしまうことになります。これが産後に体型が崩れてしまう原因になります。

それでは、体内にはどういった変化が起こるのでしょうか。人の体は原則、骨格と筋肉と体液（血液やリンパ）で作られています。それらがどう変わっていくかについて、少し詳しく説明していきたいと思います。

妊娠中の体の変化

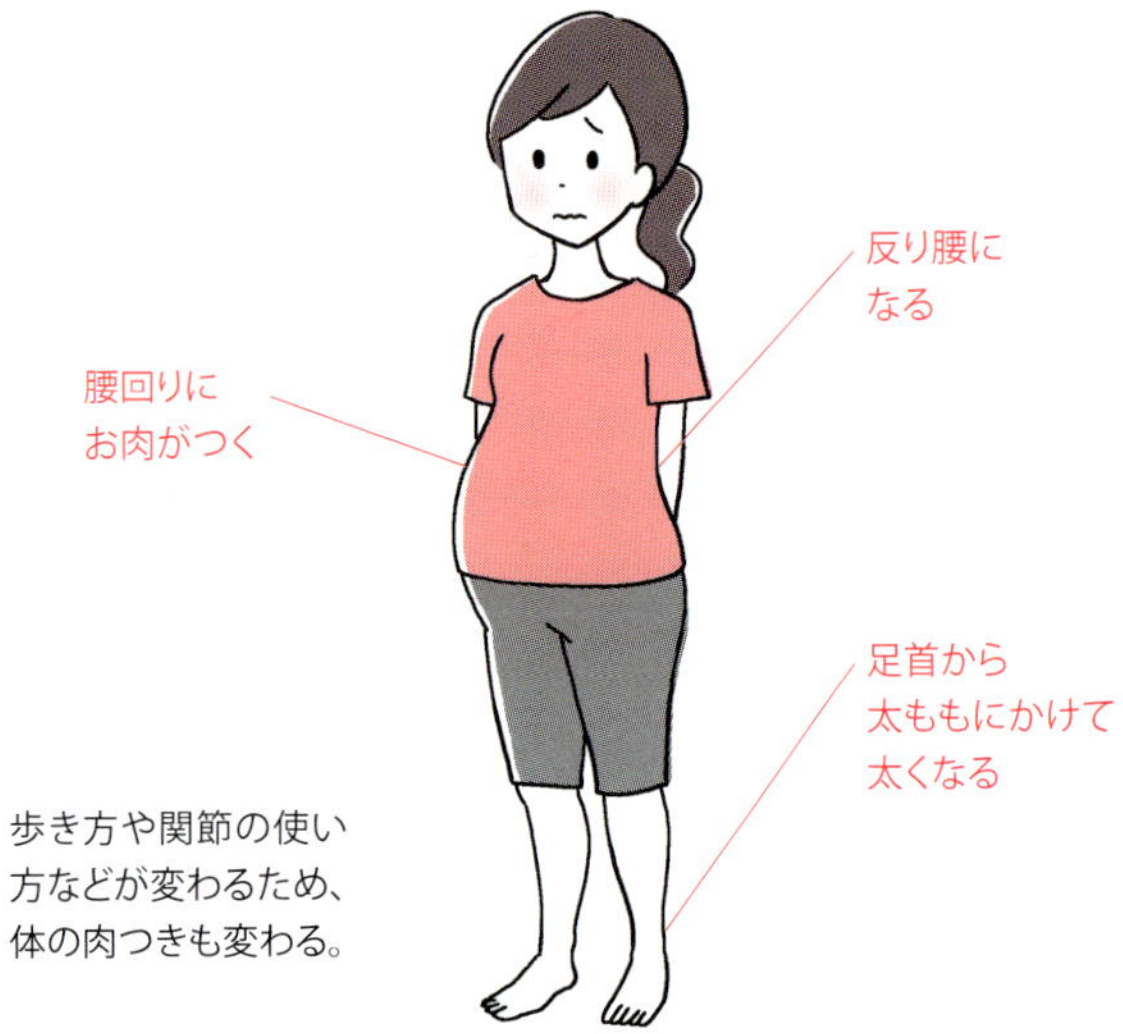
反り腰になる
腰回りにお肉がつく
足首から太ももにかけて太くなる
歩き方や関節の使い方などが変わるため、体の肉つきも変わる。

妊娠すると骨盤が広がっていく

本来、骨盤というのは妊娠や出産のために

妊娠すると骨盤が広がる

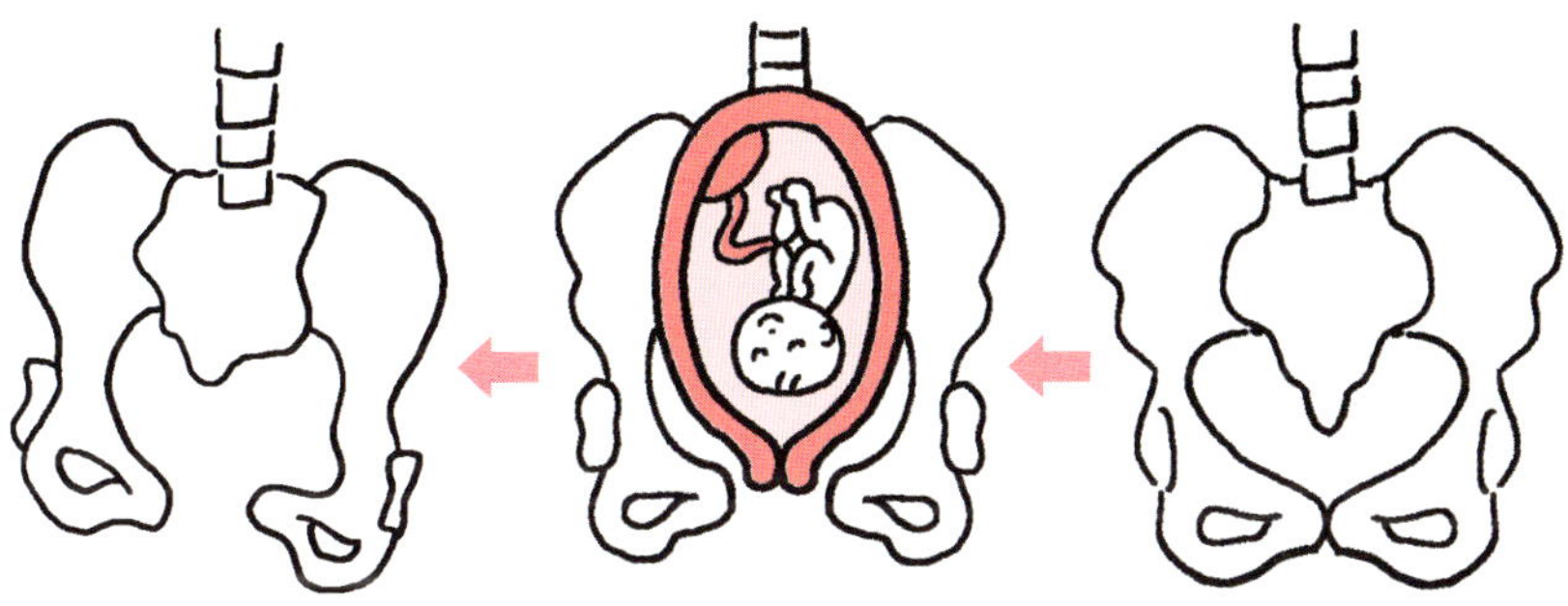

出産すると骨盤が緩むため、体を動かすと骨盤がゆがむ。

関節が緩み、重心が変わるため、骨盤が開いてくる。

骨盤は左右対称の逆三角形に似た形になっている。

は作られていません。人の進化の過程を見ていくと明らかですが、骨盤は運動と保護の作用が主で、妊娠や出産は従の作用といってもよいでしょう。本来の作用ではないのですから、妊娠～出産というのは骨盤に大きな負担を与えることになります。

骨盤に囲まれた空間というのは、腸や子宮、卵巣、膀胱《ぼうこう》などを収納するだけでいっぱいいっぱいの状態です。そんなお腹の中に、赤ちゃんが入っていることを想像してもらいたいのです。

骨盤は体を支える要《かなめ》となっています。ですからそう簡単に大きく動くようにはできていないのですね。十月十日《とつきとおか》という期間をかけて、ゆっくりと骨盤を内側から押し広げていくから、骨盤は赤ちゃんを育むためのスペースを確保することができるのです。ところが、それだけでは出産するための産道は確保できません。なぜなら、出産までは流産しないよう、赤ちゃんのためにギリギリの支えが必要になるからで、出産のときに、その支えを一気に取り除くようにできています。

そして、出産時に恥骨《ちこつ》や仙腸関節《せんちょうかんせつ》といった骨盤の関節を一気に緩めます。仙腸関節の一つ、仙骨《せんこつ》は後ろにせり出してくるような感じになり、恥骨は数ミリ離れてきます。そして座ったときに当たる坐骨部分が左右に大きく広がることで、赤ちゃんの通り道、〝産道〟を確保するのです。

このときの骨盤には、普通に生活しているときには起こり得ないほどの劇的な変化が起こります。考え方を変えると、こういった変化が起きている時期だからこそ、体を変えやすいといえます。

妊娠すると、子宮もどんどん大きくなる

ニワトリの卵（鶏卵）を手に取ってじっくりと眺めてみてください。妊娠前、赤ちゃんが収まる子宮は、ニワトリの卵ぐらいの大きさしかありません。こんな小さな子宮が妊娠して出産に向かうときに、どういった変化をするのでしょうか。

出産前になると、ニワトリの卵ほどの大きさだった子宮は、直径40センチほどまでに大きくなります。重さは実に約20倍。子宮の空間は、なんと約２３００倍にもなります。

もちろん、ただ大きくなるだけではありません。その大きくなった子宮の中には赤ちゃんと胎盤、そして羊水などが入っており、それらを全部合わせると、５キロ近いものがお

腹の中に収まっていることになります。ボーリングのボールは直径が20センチを少し超えるほどですから、どれだけ大きなものがお腹の中に収まっているかが想像できると思います。

妊娠すると子宮の重さは約20倍に！

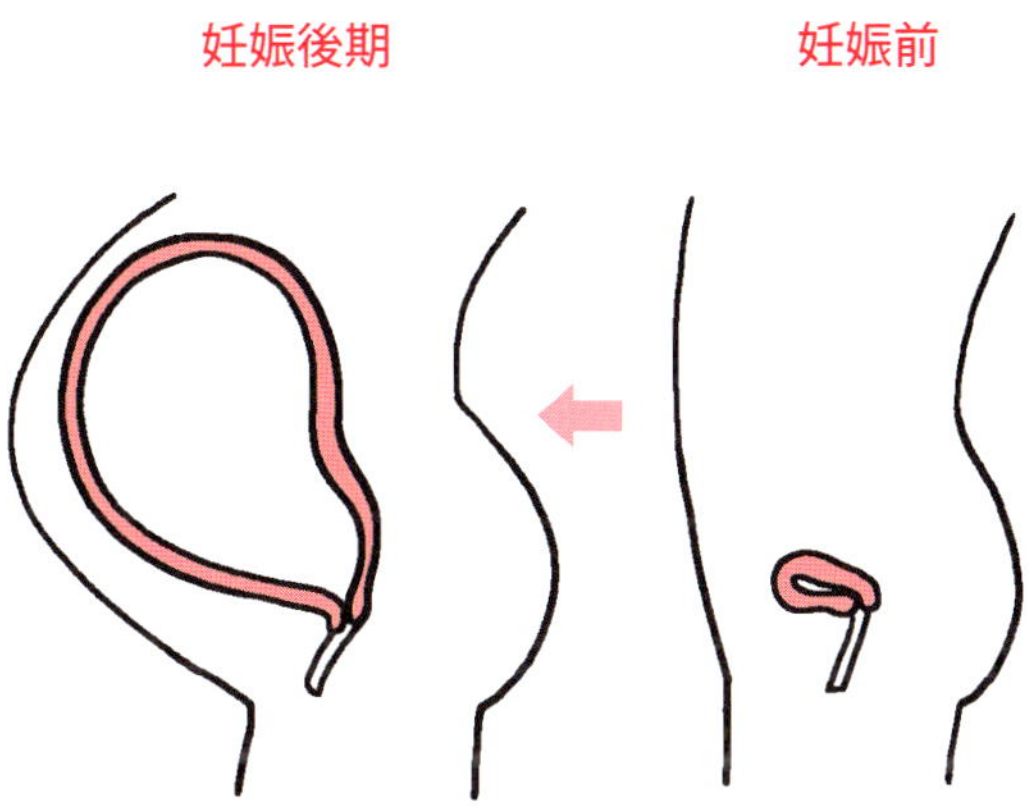

妊娠すると、子宮の空間は約2300倍、
重さは約20倍にもなる。

こんなにも大きくて重いものを下腹部に収めなければいけないのですから、体の重心は下がり、そして前側に移動します。体型は重心の位置によって変化するのですが、重心が下がるとお相撲さんのような安定型の体型になり、それが妊婦体型を作る原因となるのです。

出産をすると子宮は急速に元の大きさに戻っていき、1か月もしないうちに妊娠前の大きさになるのですが、変わってしまった重心の位置だけは、自然に戻ることはありません。出産後の体型は、元に戻りにくいといわれてきましたが、実はこの重心の位置が体型を元に戻しにくくする原因となっていたのです。ですから、重心を高いところに移動させることで、体型は改善することができるようになります。

妊娠すると、上半身の骨格も変わる

骨格の変化は骨盤回りだけではなく、上半身にも及びます。その原因は大きくなる子宮です。ニワトリの卵ほどの子宮が直径40センチほどの大きさになるにつれて、横隔膜《おうかくまく》という肺のすぐ下にある膜状の筋肉を下から押し上げていきます。押し上げる高さはおよそ4センチ。これだけ横隔膜が押し上げられると、体に変化が生じてしまいます。

変化の一つめは、一度に食べられる食事の量が減ること。その結果、食事の回数を増やし、こまめに食べるようになる人も少なくありません。このこまめに食べる習慣が、産後に太る原因の一つにもなります。

また、横隔膜が押し上げられると呼吸が少しずつ浅くなります。呼吸の浅さは体の疲れやすさを生じさせますし、代謝の低下を引き起こす原因にもなります。妊娠中や産後、あまり食べなくても太りやすくなるのは、これが原因の一つと考えられています。

横隔膜が押し上げられると、胸郭《きょうかく》が広がります。胸郭というのは背骨と肋骨《ろっこつ》、胸の前にある胸骨によって囲まれた籠状の骨格のこと。下腹部を引っ込めるとこの胸郭が広がりますが、これは横隔膜を押し上げるから起こるのです。これと同じことが妊娠中期〜後期にも起こります。バストのサイズで見ると、特にアンダー部分がワンサイズ大きくなります。これが産後体型特有のずんぐりとした形状の原因となります。これらの変化の中で最も問題になるのが「アンダー部分がワンサイズ大きく」なることです。

胸郭が広がるということ

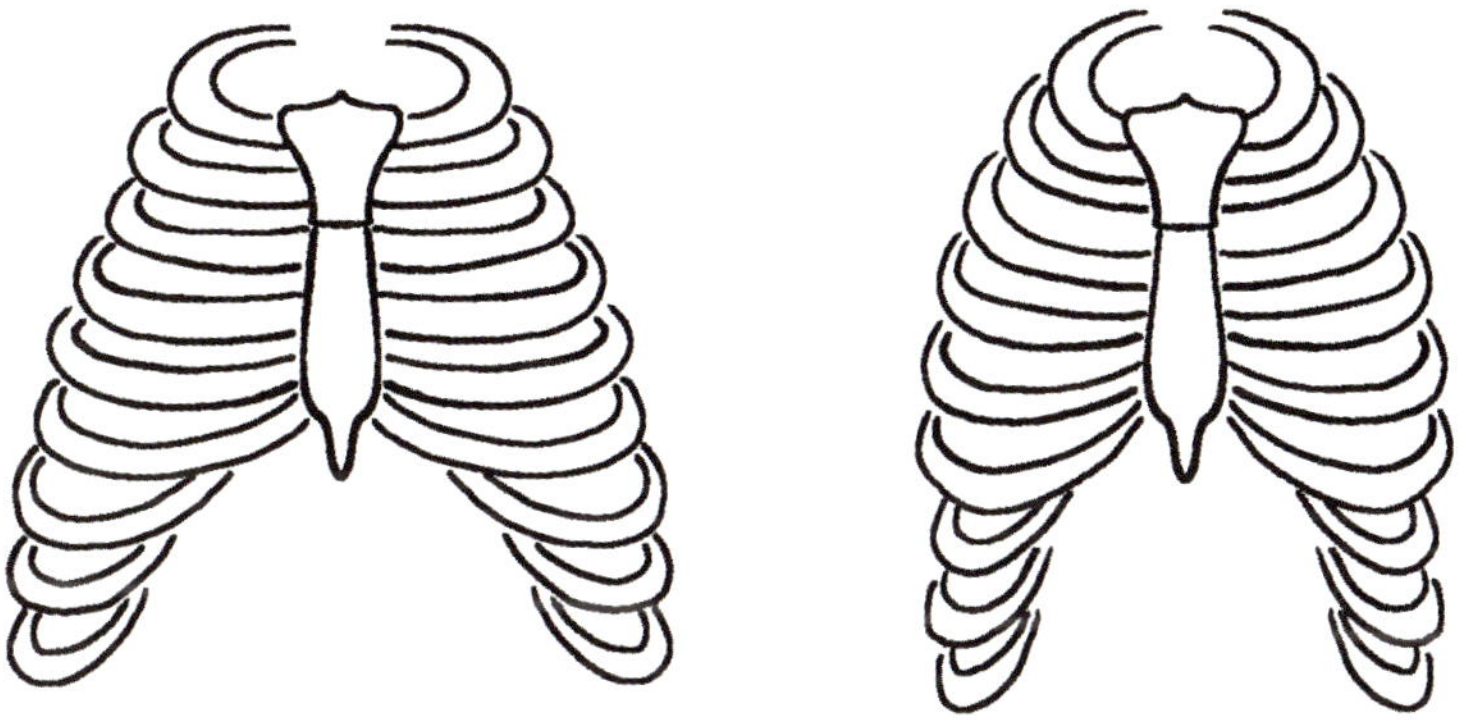

胸郭は、息を吸ったとき、つまり横隔膜が押し上げられるときに広がる。

私は慢性閉塞性肺疾患《まんせいへいそくせいはいしっかん》（ＣＯＰＤ）という息が吸いにくくなる病気のリハビリ手法「胸郭呼吸」を開発し、過去に医師国家試験にも取り上げてもらいました。

ＣＯＰＤの主な原因は喫煙で、息を吸いにくくなることで、どんどん胸郭が広がるという特徴があるといわれています。ところが、女性の中にはタバコを吸わなくても、このＣＯＰＤに苦しむ人が少なくないのです。それは妊娠～出産の際に、肺に問題がなくても胸郭が広がってしまうことがその原因の一つになっているからです。

妊婦体型は見た目の問題だけではなく、中高年になったときに、ＣＯＰＤという病気の原因の一つにもなります。予防という観点からも、産後のボディメイキングは必要になるのです。

産後、体型が崩れてしまう原因——②筋肉の変化

骨盤底筋群が妊娠・出産に重要な筋肉

人の体にはおよそ600もの筋肉があるといわれています。これらの筋肉が協調してさまざまな運動を行っているのですが、出産に伴い、全ての筋肉に等しく負担がかかる訳ではありません。妊娠〜出産の際に一番負担のかかる筋肉が〝骨盤底筋群《こつばんていきんぐん》〟というのは、おそらく多くの専門家の一致する意見だと思います。

女性の骨盤の下側には、出産しやすいように直径10センチほどの大きな空間があります。これを骨盤下口といいます。こんなに大きな穴があいているのですから、そのままにしておくと、内臓が下に落ちてしまうことになります。そのため、骨盤底筋群という筋肉で、その空間にフタをしているのです。そうすることで骨盤内臓器（膀胱《ぼうこう》・子宮・直腸《ちょくちょう》など）が落ちないように、下から支えています。

骨盤底筋群は流産を予防する働きもある

大きくなったお腹を、人はどうやって支え

ているのか、考えてみたいと思います。四つ足動物の頃、産道は後ろ向きにあり、赤ちゃんはお腹の筋肉で支えられていました。骨盤底筋群の本来の作用は2つあり、左右の寛骨《かんこつ》という骨盤を形成する骨を結びつけるため、そして尿や便を垂れ流しにしないために発達しました。それというのも、自分の臭いを垂れ流しにすることは、野生動物にとって致命的だったからです。ところが二足歩行に進化すると、産道は立ったときに下向きになってしまい、もう1つの作用が加えられることになりました。それが流産予防作用です。

産道が下を向いているため流産しやすい、というのが人の体のデメリットの一つです。それをカバーするために骨盤底筋群は5～10センチという非常に厚みを持った筋肉に進化し、少しでも流産しにくくなるようになったのです。

骨盤底筋群は、普段は骨盤内臓器を下に落とさないように働いてくれています。妊娠中はこれにプラスして赤ちゃんや肥大した子宮など5キロ近いものも支えることになりますので、更に負担が大きくなります。その上、赤ちゃんを収めるために骨盤が広がっていく関係で、この筋肉は引き伸ばされて、出産で赤ちゃんが産道を通過する際に部分的に〝裂けて〟しまいます。

損傷すると尿だけが漏れるのではない

前述したように、この骨盤底筋群という筋肉は、普段は尿や便が漏れないようにするために働く筋肉です。その筋肉が裂けてしまうのですから、妊娠中～産後は多くの女性が〝尿

産後、意識したい骨格と筋肉

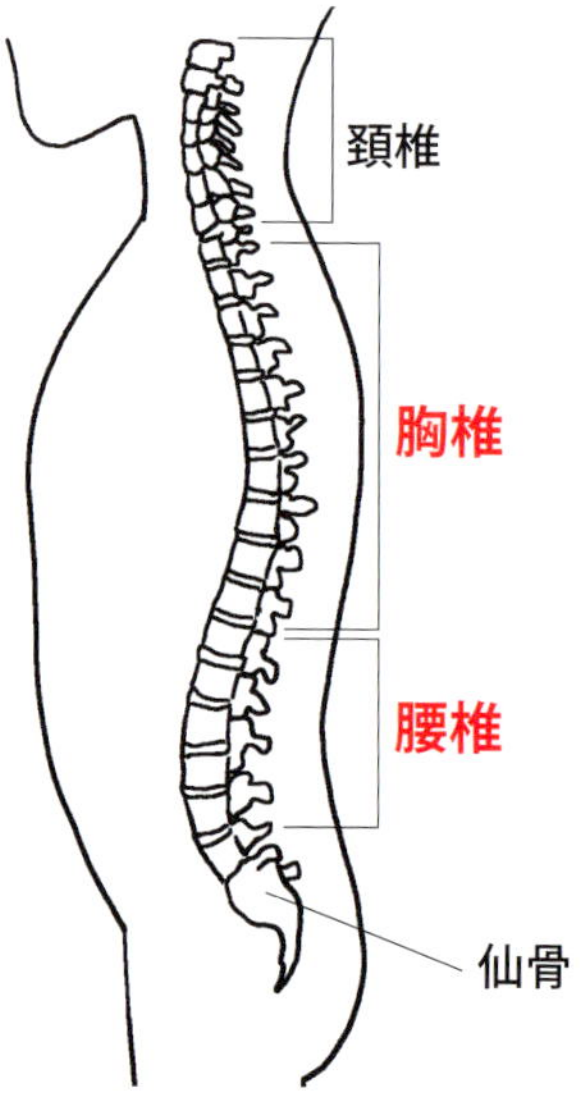

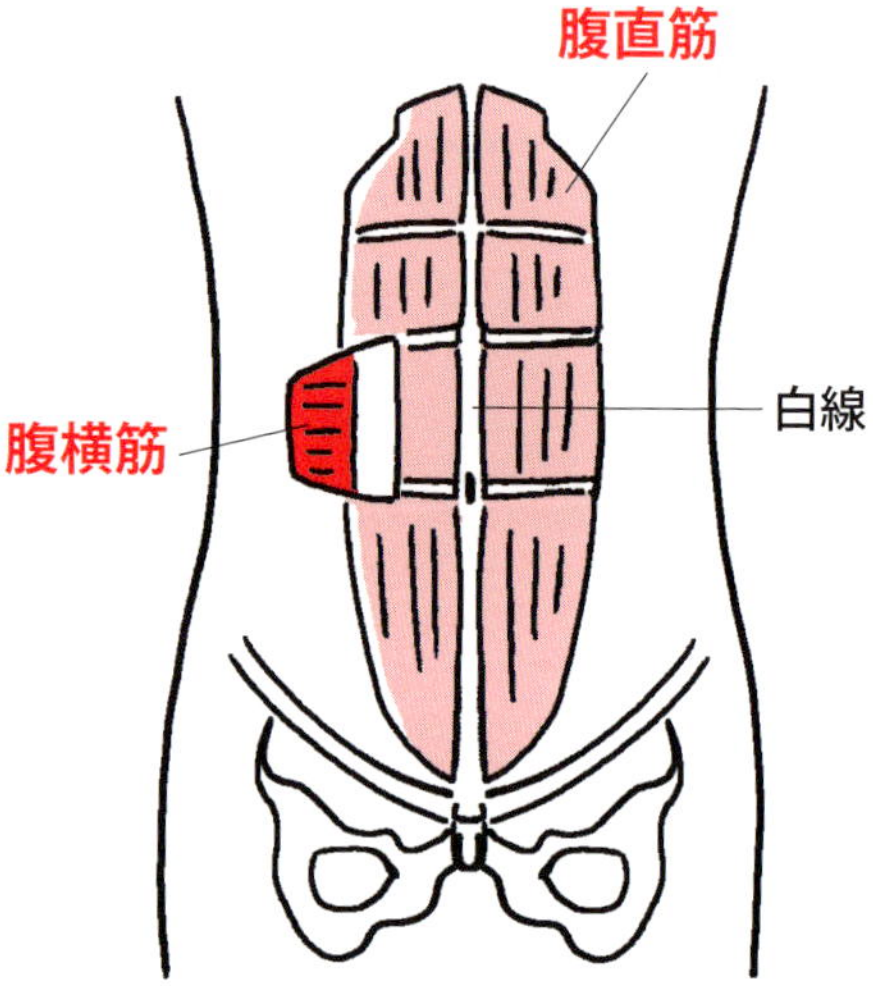

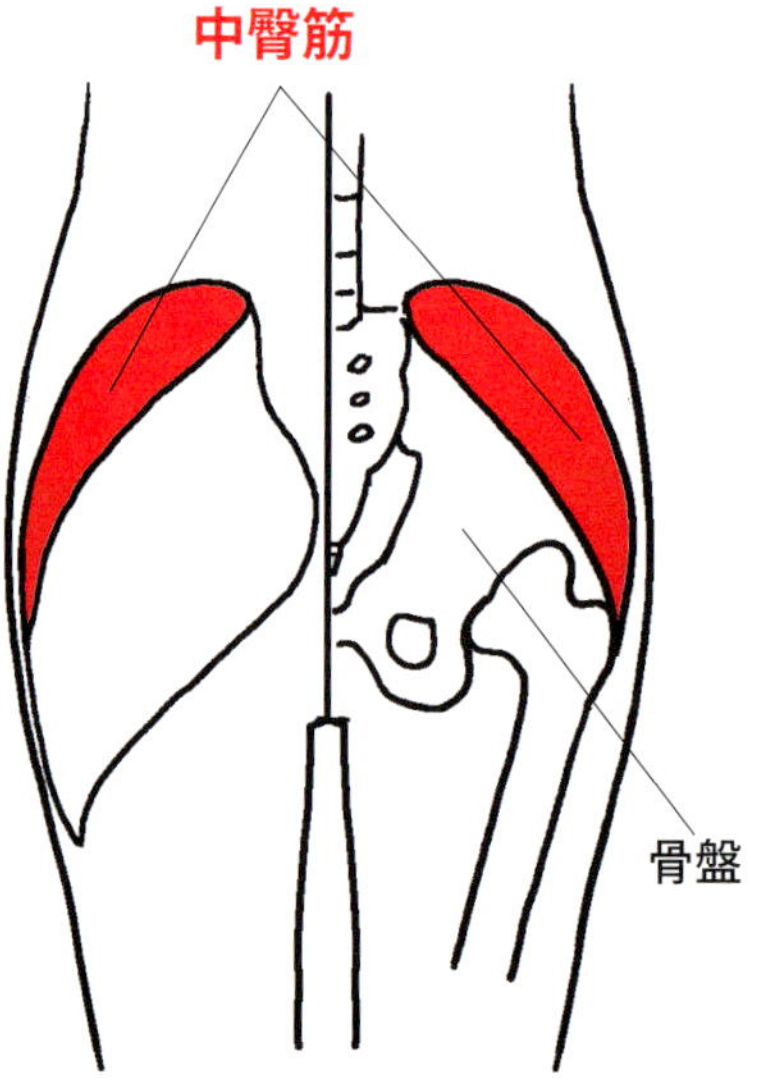

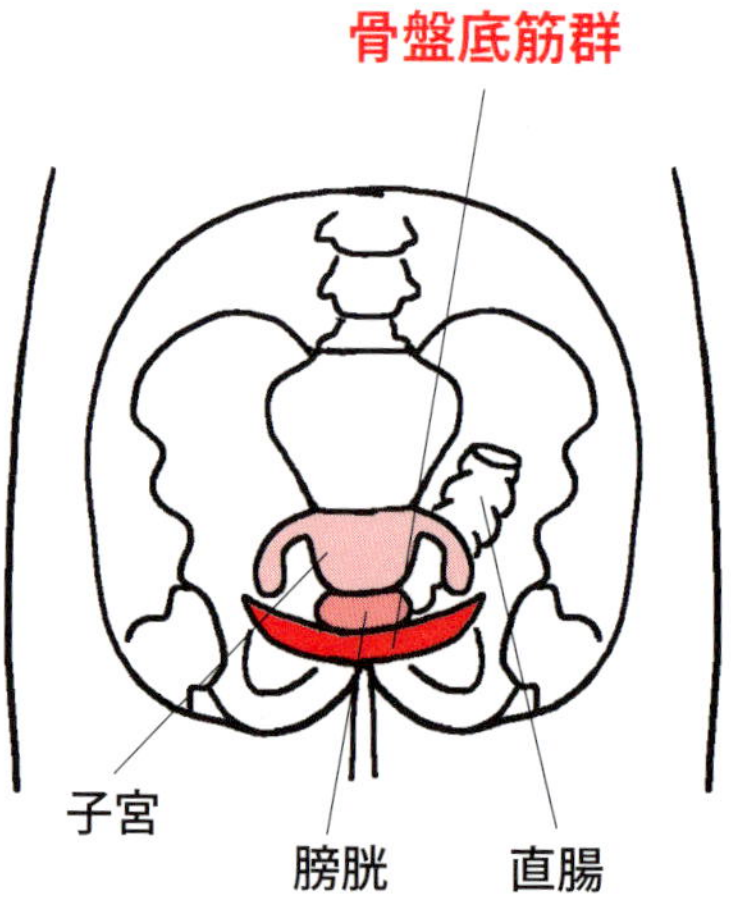

漏れ〝や〝痔〝、そして〝おなら漏れ〝などといった症状で悩むことになります。

あまり耳にしたことはないと思いますが、おなら漏れというのは、自分が気がつかないうちにおならが漏れてしまうこと。一般には過敏性腸症候群の人などに見られますが、産後の女性の場合は、普通に座っているだけなのに、気をつけて肛門をしめるように意識しているにもかかわらず、おならの臭いがしてくることがあります。それはおならが漏れ出ないようにしてくれる外肛門括約筋《かつやくきん》（骨盤底筋群を形成する筋肉の一つ）が緩んでしまい、その結果、おならが漏れ出てしまうからです。

あまり〝おなら漏れ〝について雑誌やテレビなどの特集で取り上げられることがないので、悩んでいる人は少ないように思われるかもしれませんが、実際には多くの女性が悩んでいます。緩みが少し進行してしまうと、お腹が緩いときには、くしゃみをするだけで便が出てしまうこともあります。

後ほど詳しく紹介しますが、この骨盤底筋群の損傷は、出産から時間が経ちすぎてしまうと、がんばって回復を試みても改善しないことが分かっています。ですから産後のなるべく早いうちから、しっかりと回復する必要があります。

妊娠すると左右に広がる腹直筋。産後何もしないとポッコリお腹のまま

お腹の前側にある筋肉のことを、腹直筋《ふくちょくきん》といいます。この筋肉は、一般にはお辞儀をするときに使うといいますが、ほかにも内臓を保護して、正しい位置に収めるといった重要

な働きをしています。

ところが妊娠をして子宮がどんどん大きくなると、腹直筋は邪魔な存在となります。なぜかといえば、腹直筋は、子宮が大きくなるときに必要な空間を作らせないようにしてしまうからです。そこで、邪魔になった腹直筋は左右に広がっていくことになります。これを腹直筋離開《りかい》といいます。このとき、腹直筋は単純に左右に引き伸ばされるのではなく、左右の腹直筋の間にある白線と呼ばれる部分がじゃばらのように広がり、お腹の中に赤ちゃんの居場所を作ろうとするのです。

腹直筋離開は珍しいことではなく、妊娠された女性の9割以上に起こることでもありますから、正しくケアさえすれば心配する必要はありません。ところがまちがった産後ケアをしたり無理をしたりすると、腹直筋離開は回復するどころか、ますます酷くなることも少なくありません。

例えば、バンドでお腹を固定しようとすると、赤ちゃんを収めるスペースが十分に確保しにくくなります。また、回復期に同じようなバンドをすると、かえって筋力が低下してしまい、腹直筋離開が改善しないこともあります。

白線の幅はお腹の部位によって異なりますが、およそ2～7ミリ※1。腹直筋離開がなければ、白線は弾力のある硬さなのですが、産後、この白線を触って指が弾力のある硬さを感じないときは、腹直筋離開が回復しておらず、お腹のケアが十分ではない証拠です。3か月経ってもお腹がポコッと出ている人は、要注意な状態だと思ってよいでしょう。

腹直筋離開を回復できる期間は、長くはあ

スウェイバック姿勢とは

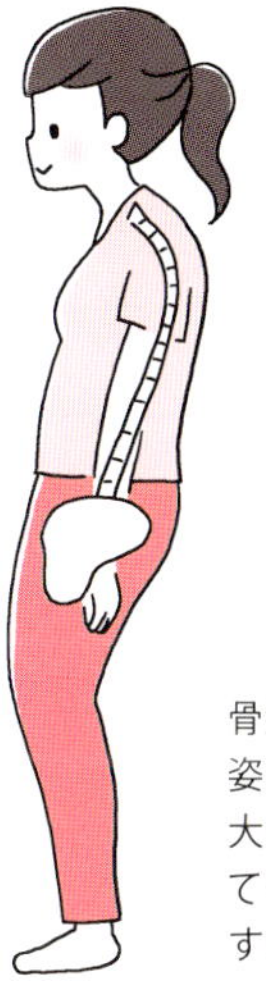

骨盤が前に移動している姿勢。お腹の赤ちゃんが大きくなり、お腹が前に出てくるようになるとなりやすい。

りません。できるだけ産後の早い時期からの正しいケアで、お腹のたるみ解消をして欲しいと思います。

お腹が大きくなると腹横筋は薄くなりたるんでしまう

腹横筋《ふくおうきん》は脇腹にある筋肉です。この筋肉は骨盤を〝立てる〟姿勢を保持したり、腰にかかる負担を減らしたりしてくれるので、〝天然コルセット〟と呼ばれることもあります。腹横筋は普段からあまり使われる筋肉ではなく、妊娠前からたるんでいる人が少なくないのですが、妊娠してお腹が大きくなるにつれて、たるんだ状態で薄くなっていきます。

　お腹の中の赤ちゃんが大きくなり、お腹が前に出てくるようになると、腰椎《ようつい》の前弯《ぜんわん》が大きくなっていきます。そのバランスを取るために胸椎《きょうつい》は後弯《こうわん》が強くなる〝スウェイバック姿勢〟と呼ばれる姿勢を取るようになります。この姿勢は、腹直筋と腹横筋をともにたるませることになります。特に脇腹だと、下がってしまった肋骨の下端と骨盤の上端との隙間は狭くなります。これがウエストのくびれをなくす最大の原因になります。

ウエストにくびれを作るには、この隙間は少なくとも5センチは欲しいのですが、産後のスウェイバック姿勢では、腹横筋がたるんだままなので、この隙間は半分程度しか確保できなくなってしまいます。そうなると、いくらくびれを作ろうと努力しても、なかなか成果を得ることはできなくなってしまいます。

　この筋肉は冒頭で紹介したように骨盤を立てるのに重要ですが、産後の女性はお尻を突き出し、骨盤を寝かせる立ち方を長く行っている関係で、骨盤を立てる運動ができにくくなっています。産後にこの筋肉を使うようにしないと骨盤を立てるのがどんどん難しくなり、脇腹のたるみや大きなお尻といった見た目の問題だけでなく、腰痛や背中の痛み、そして恥骨や股関節の痛みを引き起こす原因となるのです。

ストレッチすれば、ヒップも元通りに！

お尻の使い方を改善するためのストレッチが効果的。

中臀筋が垂れて広がってしまう

　ヒップアップのための筋肉、ということで女性誌によく取り上げられる筋肉の一つが中《ちゅう》臀筋《でんきん》です。この筋肉はお尻全体を覆う感じに付着しているのですが、妊娠〜出産にかけて大きく〝つき方〟が変わってしまう筋肉の一つでもあります。

　妊娠するとスウェイバック姿勢になると前

述しましたが、このとき、つま先は少し外側に向き、脚は軽く開く妊婦特有の立ち方になります。

この妊婦特有の立ち方は、中臀筋を下の方に引っ張る状態になります。言い換えると、お尻が垂れた状態になるということ。よく出産後のお尻の形は平べったく横に広がってしまうといいますが、これは、妊婦特有の立ち方によって作られるのです。

それでは、お尻を元の丸みのあるアップした形に戻すためには、どうすればよいのでしょうか。立ち方を直すことが先決ですが、筋肉の使い方の再教育も大切です。これを行わないと、いくら運動をしてもやせるだけで、ヒップラインは崩れたままとなります。

それだけではありません。この中臀筋は、片方の脚に体重がかかっているときに体を支える働きがあります。この筋肉が弱くなると、歩くときに骨盤が左右に振れるので、股関節や恥骨、仙腸関節に大きな負担となります。産後半年以上経っても「歩いているだけで恥骨や骨盤が痛い」と訴える人の多くは、この中臀筋が弱く、そして使い方がおかしくなっているのです。

もちろん、やみくもに中臀筋の強化をしても、努力しただけの成果は上がりません。効率よく中臀筋が使えるようになるためには再教育が必要で、そのために本書では、お尻の使い方を改善するためのストレッチを多く紹介しています（P92〜103）。

※1 『妊娠、分娩及び産褥に於ける腹直筋及び肛門擧筋の離開に就て（その2）』髙橋茂 臨床婦人科産科 4(6)1950年

産後、体型が崩れてしまう原因
——③体液の変化

妊娠すると、血液の濃度は薄くなり量は1・3倍に増える

妊娠すると、骨格や筋肉だけでなく血液も大きく変化していきます。女性の体は、妊娠すると出産への準備も同時に行っていきます。出産のときには少なからず出血をするのですが、その出血に備えて血液を増やしていくのです。ただ血液を増やすといっても、固体成分の赤血球などは簡単には増やせないので、液体成分である血漿《けっしょう》を増やすことで〝薄い〟血液を増加させるのです。このように血液が薄くなる状態を水血症《すいけっしょう》といい、出産前になると血液は、妊娠前に比べて30％ほど増加します※1。

この薄い血液の増加は、出産時の出血対策というだけでなく、お腹の中の赤ちゃんに栄養を供給しやすくなるというメリットもあります。血液が固まりにくくなることで、血液が胎盤を通過しやすくなるのです。ただ、血液が薄くなるということは、酸素を運ぶために必要なヘモグロビン濃度も妊娠前より少し低い値になります。これによって、貧血が起きやすくなるというデメリットも起こります。

貧血について、一つ知っておいて欲しいことがあります。１９６６年には、妊娠貧血（妊娠中に貧血になること）が起きる頻度は、妊娠後期でおよそ25％※2といわれていましたが、現在では30～40％※3といわれています。これは昔の人よりも水血症による貧血症状が増えたのではなく、運動量が減ったり、妊娠する年齢が以前より上がったりしたため、妊娠貧血が増えたのです。

この血液の変化は、体の疲れやすさを生み、より運動不足へと傾かせてしまいます。また、産後の回復を遅らせてしまう原因にもなります。出産後、退院前に貧血検査をしますが、それ以降、特に定期健診というものを行うことがありません。母乳育児を行う方だけでなく、産後の回復のためにも定期的な貧血検査を行い、しっかりと体を回復させて欲しいと思います。

個人的には産後1か月、3か月、6か月そして1年。少なくとも4回は貧血の検査をされるとよいと思います。

妊娠中からむくみケアをしないと産後たるんだままに

体の機能についていろいろ紹介してきましたが、これが最後の項目です。なぜ、妊娠すると体がむくむようになるのでしょうか。

学生時代、理科の授業で、濃度の濃い水溶液と濃度の薄い水溶液の間に半透膜を置いたら水分が濃度の濃い方へ移動していく、という実験をしたことを覚えていらっしゃる方も多いと思います。理科の授業ではこれを、浸透圧の実験と教えてくれました。人の体というのは、この浸透圧を使ってガス交換をし、栄養、そして水分を運んでいます。

　人の体の中の水分を大きく分類すると、３つあります。１つは血管の中にある血液、もう１つが細胞の中にある細胞内液、そして３つめが血管と細胞の間にある間質液《かんしつえき》というものです。血液と細胞内液は、間質液を媒介してガス交換や栄養のやり取りをしているわけです。

　一般に、血液と間質液では、血液の方が濃度が濃いのです。ですから、血液の方にどんどん水分が移動していくことになります。

　ところが水血症になってしまうと、血液の濃度は低くなるので、場合によっては間質液の方が濃度が濃くなってしまうことになり、水分が間質液に移動することによって量が増えていきます。これが妊娠中にむくみが起きる原因です。むくみは妊娠中からケアをしていかないと、皮膚のたるみを引き起こすことになります。このたるみが体型を崩したり、不調を引き起こしたりする原因となります。

　産後の体型の崩れは、骨格、筋肉、そして体液の変化が合わさって起こるもので、どれか一つだけ対策をしても、十分な効果を得られません。また、数週間で改善できるようなものではなく、ある程度の期間が必要なものであることを分かってもらえたらと思います。

※1　『妊婦の血液循環と循環障害』　竹内繁喜　助産婦雑誌　20(3)１９６６年
※2　『妊娠貧血に関する研究』皆川静雄　日本産科婦人科學會雑誌　18(10)１９６６年
※3　『母子保健改善のための微量栄養素欠乏に関する援助研究』国際協力事業団国際協力総合研修所　２００３年

妊娠前に行う〝お腹・脚やせ〟と産後ケアの違い

妊娠前より産後はデリケート

〝お腹やせ〟や〝脚やせ〟と聞くと、どんなことを連想されるでしょうか。有酸素運動をしたり、筋力トレーニングをしたり、というものも最近では増えてきましたが、根強いのはセルライトマシンを使ったり、マッサージを行うことだと思います。エステ系だと脂肪揉み出しのマッサージを行ったり、整体・接骨院系だとゴリゴリマッサージしたりすることもあります。妊娠していないのであれば、そういった方法でダイエットするのも「あり」でしょう。でも、産後となると、話は別です。

産後の皮膚の状態や筋肉、そして関節のことを考えると、むやみにマッサージを受けることはおすすめしません。最近の傾向ですが、近くの治療院で産後ケアを受けたら、かえって痛みが酷くなったという声を多く聞くようになりました。どんな施術を行っているのか、患者さんに聞いてみると「体を強く揉まれた」「ボキボキ関節が鳴るような矯正をされた」などと言われる方が少なくありません。

産後のマッサージは要注意！

産後の体は、よりデリケート。マッサージに行くときは、治療院をしっかり選んで。

産後でなくても、手技の種類によっては禁止する必要があるという厚生労働省の勧告も出ており、平成３年の勧告では「頸椎《けいつい》に対する急激な回転伸展操作を加えるスラスト法は、患者の身体に損傷を加える危険が大きいため、こうした危険の高い行為は禁止する必要がある」※1となっています。スラスト法というのは首をボキボキ鳴らす手技のことをいうのですが、施術者は、こういった手技は体に負担がかかることを念頭に行う必要があります。出産後でなくても気をつけなければいけない手技があるのですから、産後のお腹やせや脚やせには、より一層注意が必要になります。

本書は自分で産後のボディメイキングを行うための本ですが、読者の中には、産後ケアを標榜している治療院に通うことを考えていらっしゃる方もおられるでしょう。その場合、どういった点に注意して治療院を選べばよいかについて、簡単にお話ししておきます。

治療院の選び方①
目的別にマッサージしてくれるか

マッサージと聞くと、筋肉をほぐすというイメージをお持ちの方が多いと思います。ですが、マッサージには筋肉をほぐすだけではなく、筋肉を引き締める、血液やリンパなどの循環を促《うなが》す、交感神経の興奮を抑えるなど、さまざまな手技が存在します。

以前、産後ケアを行っている10か所以上の接骨院にお声をかけていただき、技術を見に行ったことがあります。どこの接骨院も、筋肉の緊張をほぐすことばかり行っていました。これではかえって固定力が低下してしまいます。ですから、目的別にマッサージを使い分けることができるところを選ぶようにして欲しいと思います。

治療院の選び方②
重心の改善を行ってくれるかどうか

妊娠～出産によって変わってしまった重心。産後は、これをどう元に戻すかが大切になります（P19参照）。そのためには立ち方の修正の指導や、施術による関節の使い方の修正などを行う必要がありますが、そこまで行ってくれる治療院がなかなかないのが実情です。単にマッサージをして電気をかけておしまいというところも多く、本当に産後の施術を行ってくれるかどうかは、残念ながら一度行ってみないと分かりません。

治療院の選び方③
産後のケアをどのくらい行ってきたか

その先生が、というよりその治療院でどのくらい長く産後ケアを行ってきているかが、施設選びでは重要です。例えば、その先生がほかの施設で産後ケアを10年行っていたとしても、引き抜かれて別の施設に移って、今までと同じ施術ができるかというと、難しいというのが実情です。

ましてや、まだ産後ケアを始めて数年という治療院だと、正直なところ、経験不足は否めません。産後の体を預けるのであれば、少なくとも10年間は産後ケアを行っている治療院に通って欲しいと思います。

治療院の選び方④
短期間での改善はNG

産後ケアに限ったことではありませんが、どんなにすばらしい技術を持っていても、改善までに必要な期間を短くすることは困難です。

例えば、骨折をしたとしましょう。どんなにすばらしいリハビリをしたからといって、骨折が治るまでの期間を極端に短くすることはできません。これは産後のケアも同じです。たった数回で終了、というのは、体の回復からしてあり得ません。

一般的に、産後の体は、数か月をかけてじっくり改善していくものだと思っていただくと間違いないでしょう。

あなたに合った施術を行ってくれるところを探すのは、少し大変ではあります。ことさら、最近のインターネットサイトにおける過剰な表現は、よい治療院探しをより困難にさせています。

ですから、産後の特徴を理解している治療院を選ぶことで、今だけではなく、将来も満足できる産後ケアを受けられるのだと思います。

※1 『医業類似行為に対する取扱いについて』厚生労働省　医事第五八号　平成3年6月28日

産後ダイエットは“軽い”エクササイズの方がよい

最近のダイエットは、運動強度が高いものを好む傾向にあります。徹底した食事制限と筋力トレーニングによって劇的にやせるという手法もここ数年人気を博しています。恐らくこの傾向は今後しばらくは続くと思いますが、こと産後ダイエットに限っていえば、運動強度の高いエクササイズよりも低いエクササイズを行った方がよいのです。

産後に負荷の強い運動をするとどうなるか

もう少し補足説明しましょう。出産の際は、産道を確保するために骨格を緩めて骨盤を開きやすくします。そのときに筋肉も同時に緩むのですね。

その緩んだ骨盤や筋肉に過大な負荷をかけてしまうと、どうなるのでしょうか。筋肉痛になるくらいならマシな方で、場合によってはねんざのような状態になり、動けなくなることもあります。

もう一つ大事なことがあります。産後、集中的にケアしなければいけない筋肉は、骨盤底筋群のようなインナーマッスルです。しかし、運動強度を上げていくと、インナーマッスルをほとんど使わずに、アウターマッスルが主体の運動になってしまい、せっかく時間をかけてエクササイズをしても、意味のないものになってしまいます。

施術に来られているお母さんが、先日、出産されました。産後、腰や背中の痛みをどうにかしたいと近所のジムに行き、産後のエアロビクスに参加したそうです。すると途中から腰や背中がもっと痛くなり、翌日からしばらく歩けなくなったのだそうです。産後の体の回復は思った以上にゆっくりだと知らずに、骨格や筋肉の耐性を超える運動をしてしまったから体に負担をかける結果になったのですね。

妊娠前より産後ケアはデリケート

ここまで妊娠〜出産にかけての体の変化を書いてきました。

あなたの体の骨格は緩み、筋肉は弛緩し、皮膚もたるんでいる状態ですから、強度の高いエクササイズをすると、状態が悪くなる可能性もあるのだと、分かっていただけたのではないでしょうか。

最近は「短期間で劇的な効果」を好む風潮が強くなっていますから、「少し物足りない程度のものをじっくり行う」という本書で紹介するエクササイズでは、三日坊主で終わる方も少なからずいらっしゃるでしょう。

面倒だと思われるかもしれませんが、今のあなたを改善するだけではなく、10年後のあなたが尿漏れやおなら漏れなどに悩むのを予防できるのです。それは産後の「今」だけにできることです。ですから、腰を据えて取り組んで欲しいと思います。

第 2 章

産後ボディメイキングを“産後3か月”からしなければならない理由

産後ボディメイキングは〝産後3か月〟から始めることが大切

前著『産後骨盤ダイエット』(ＰＨＰ研究所)で紹介している骨盤底筋群《こつばんていきんぐん》の強化を産後翌日からはじめていただき、産後３か月からは、本書の産後ボディメイキングを始めていただくのが、産後の体にはおすすめです。本書のストレッチは骨盤底筋群の強化よりも負荷が高いからです。第１章で紹介した通り、人の体には摂理があり、それを無視しての変化の安定は起こり得ないからです。

特に産後の体は、出産を経験した人が思っている以上に負担がかかっており、それを回復させるためには、集中的なリハビリが必要になるほどだからです。ですから、１日５分で終わりますよ、とは口が裂けても言えないのです。

だからといって、本書を見て「じゃあ、私にはできるかしら？」とは思わないでください。これからその理由をいくつか紹介していきますが、産後のこの時期に産後ボディメイキングを行わなければ、将来のあなたが大変な状態になってしまいます。

産後ボディメイキングを〝産後３か月〟からしなければいけない理由を、最新論文の内容もふまえて紹介していきましょう。

産後ボディメイキングをしていたかどうか、10年後、問題になる

実は、ここ数年、産後のケアは受けたいけど時間がないからできない、という声をよく聞くようになりました。また、ひと昔前までは出産による負担は自然と回復していたのだから、あえて産後ボディメイキングをしなくてもよいのではないか、と考える人も多かったようです。

実際に、産後何もしなくても痛みは取れていきますし、普通に生活していけるようにはなります。ですが、これは見かけ上普通の生活ができるようになったと感じているだけで、実際には何もしなければ何一つよくなることはありません。

出産してから10年後に尿漏れで悩むようになる

現在、女性の間で尿漏れや骨盤臓器脱《こつばんぞうきだつ》（膣から子宮などが出てくる状態）が増えており、女性全体では35～37％の方が尿漏れを起こすといわれています※1。この数字はあくまでも〝女性全体〟なので、尿漏れを起こしにくい20代も含んでの話です。

別の報告では、40代で出産を経験していない女性だと34％の方が尿漏れを経験していま

尿漏れに悩む女性は多い

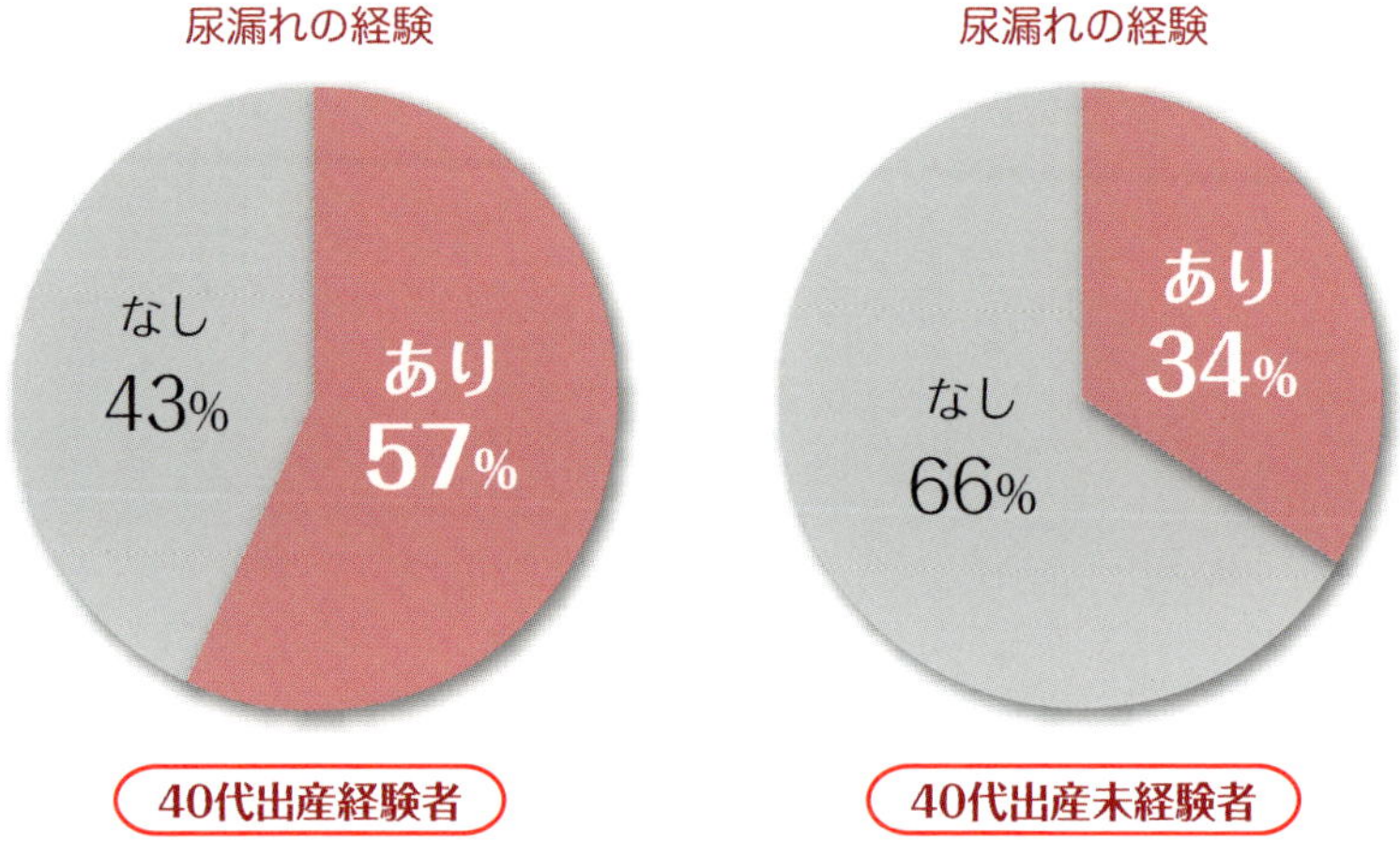
尿漏れの経験
なし
43%
あり
57%
40代出産経験者
尿漏れの経験
あり
34%
なし
66%
40代出産未経験者

すが、出産経験のある40代女性になると、実に57%もの方が尿漏れに悩まされているといいます。

どうして女性に尿漏れが多いかというと、男性に比べて尿道が非常に短いから。男性の尿道はおよそ25センチといわれていますが、女性は4センチほどしかありません。しかも、女性には、男性のように尿道を閉めるための前立腺《ぜんりつせん》がありません。元々、男性より尿漏れを起こしやすいというのに、出産によって括《かつ》約筋《やくきん》（骨盤底筋群を形成する筋肉の一つ）を損傷するのですから、尿漏れが起こりやすくなるのは当たり前なのです。

尿漏れといえば、ある患者さんを思い出します。その患者さんはある日、いきなり夜尿症で悩むようになりました。最初は下着を湿らす程度だったのが、次第にシーツも濡らすほどになっていったのです。その頃になると、尿を我慢しているのに尿が漏れ、くしゃみをしたら尿が漏れ、買い物袋を持っただけでも尿が漏れるようになったのです。

私のところに相談しに来られたのですが、その方には提携している大学病院を紹介し、結局のところ手術を受けることになりました。改善してあげたくても、産後の大切な時期に何もしなかったことで、手の打ちようがなくなってしまったのです。

尿漏れが起こってからのケアでは遅すぎる

なぜ私は、手の打ちようがないと考えたのでしょうか。ここで、尿漏れが起こってから対策を行ってみるとどうなるのか、一つの論文を紹介します。55歳以上の女性を対象とした調査で、尿漏れの改善を行ったときにどういった結果になったかというものです※2。

尿漏れを起こしている55歳以上の女性287人を対象に、症状緩和には効果的だといわれている骨盤底筋群トレーニングを行ってもらい、その効果を検証しました。トレーニングを開始してから3か月後、実に57%の人が症状の改善があったと感じていたという結果が得られました。確かに、私もこの骨盤底筋群トレーニングを指導していますし、それなりに効果は出ていると感じていますが、50代以降の女性だと再発しやすいという実感があったのですね。

このことに対する答えも、その論文には書かれていました。症状の改善があったという57%の方々の体を調べてみると、臨床的に意義のある改善は見られていなかったのです。

つまり、いったん尿漏れなどを起こすと、個人ができるストレッチなどでは根本的な改善は難しいということが分かったのです。

それならば外科的な手術という手段を選択したらどうなるのかというと、さまざまな術式の中で再発率が低いと注目されているメッシュ手術であっても、手術後90日以内に尿が出にくくなる尿閉リスクと、1年以内に再手術などを必要とするリスクが高いことが分かっているのです※3。きつい言い方かもしれませんが、一度尿漏れなどを起こしてしまうと、手術を受けても根治は困難なのです。

産後のケアが中年以降の尿漏れを予防する

この尿漏れの原因は出産に伴う骨盤底筋群の損傷などですが、これはケガと同様、早い時期でのケアを行うことで予防することができます。

肉離れというケガで考えてみたいと思います。肉離れを起こすと、その部分が凹んでいるように見えます。それもそのはずで、筋肉が切れてしまっているから凹みを生じてしまうのです。このとき、適切な治療を受けずに無理をしてその部分を動かしていると、その凹みは残ってしまい、ずっと違和感があるままです。10年後にいくら治療を受けても、改善するのは困難といえます。

出産時の骨盤底筋群の損傷は、この肉離れとほぼ同じです。なにせ筋肉が裂けているのですから、正直なところ大ケガと同じです。帝王切開ならば負担はかからないと考える人もいるかもしれませんが、5キロもの重いものを支え続けるのですから、負担がかからないはずがありません。たとえ帝王切開であったとしても、出産後は肉離れと同様に早期のケアを行う必要があるのです。

それでは、早期のケアを行うとどうなるのでしょうか。

これについては、厚生労働省が研究に対する予算を組んだのが２０１４年とまだ日が浅く、長期の経過を確認したデータは私の治療院のものくらいしか存在しないようなので、少し紹介したいと思います。

私の治療院で、産後ケアに来られた方々のその後の経過を確認したことがあります。メールによるアンケート方式で回答をお願いしたのですが、産後から10年後に尿漏れを起こしていた割合は２％（10年後平均年齢48・1歳）。産後すぐのボディメイキングが、将来的な尿漏れに対してどれだけ有効かお分かりいただけると思います。

10年後、尿漏れで悩むかどうかは、産後の今、正しい産後ボディメイキングを行うかどうかにかかっているといっても過言ではないのですね。

※1　『分娩後の腹圧性尿失禁予防を目的にした骨盤底筋群機能回復支援の開発と効果検証』岡本美香子他　第27回健康医科学研究助成論文集

※2　Marian Wiegersma et al, Effect of pelvic floor muscle training compared with watchful waiting in older women with symptomatic mild pelvic organ prolapse: randomised controlled trial in primary care . BMJ.10 November 2014

※3　Bilal Chughtai et al , Use and risks of surgical mesh for pelvic organ prolapse surgery in women in New York state: population based cohort study . BMJ 2015;350:h2685

育児が大切か、産後ボディメイキングが大切か

産後、お母さん方は育児と家事、ときには仕事も同時にこなしています。多くのお母さん方は自分の体よりも育児や仕事を優先する傾向があり、産後のボディメイキングにはなかなか時間を割《さ》くことができないといいます。

確かに産後のこの時期は、しなければいけないことが多くあるとは思いますが、育児を最優先することが本当に〝よいお母さん〟といえるのでしょうか？　産後うつになって育児に支障をきたし、赤ちゃんの発育にマイナスの影響を与えてでも〝よいお母さん〟でいた方がよいのでしょうか。

近頃は、育児よりも〝自分を優先〟するお母さんに対する風当たりが強い傾向にありますが、これはあくまでも自分の願望を優先するお母さんの話であって、産後の回復を行おうとするお母さんに向けられるものではありません。

産後のケアは育児力を上げてくれる

あるお母さんからいただいたメールを、抜粋して紹介しましょう。

「産後のケアを受けて本当によかったと思い

ます。主人からはお金の無駄と言われ、実母からは自分のことより育児が大切と言われ、産後のケアを受けることに対して正面から反対されました。昔の人は産後のケアなんてなかったんだよ、っていうのが決まり文句だったのです。それでも体は痛いし、赤ちゃんの泣き声を聞くだけでイライラして。主人との関係もギクシャクして、夢に描いていた楽しい育児とはかけ離れたものでした。反対を押し切って産後ケアを受けたところ、痛みは取れるし母乳の出もよくなるし、赤ちゃんの泣き声を聞いてもイライラしなくなっていったのです！　主人も私の変化を目《ま》の当たりにして、産後ケアの大切さを理解してくれたようで、今では私と一緒に体操をしてくれたり、家事も分担してくれたりするようになりました。あのまま産後ケアを行っていなかったら、今のような楽しい育児はできなかったと思います」

〝育児力〟という言葉があります。育児力は技術的、もしくは知的なスキルの高さが関係しますが、一番重要なのは、育児体力の高さです。産後というのは、自分のケアをどれだけ行うかによって育児力が変わってきますが、そのことを知らないお母さんが多すぎます。

例えば、母乳育児。好きなものだけを食べ、バストケアをしなければ、乳腺炎になったり母乳が出なくなったりします。母乳育児は自分のケアが重要な要素なのです。産後の体の戻りも同じです。せっかくの産後回復期に何もしないで過ごすと、出産してから10年ほどで尿漏れに悩む生活を送ることになります。

ですが、産後ボディメイキングを受けたお母さんは、楽しい育児を行うことができるのです。

産後のケアは赤ちゃんの心も育《はぐく》む

幼児期というのは「お母さんが心の拠《よ》りどころ」※1となっており、お母さんの精神的・肉体的な安定が赤ちゃんに与える影響はとても大きいものです。赤ちゃんは親の背中を見て育ちますから、お母さんが〝辛い育児〟をしていたら、赤ちゃんにどういった影響を与えるか、容易に想像できます。

皆さんは、お母さんが病《やまい》に伏したら、小さな子供が泣きながら心配してくれるという話を聞いたことがあると思います。ご主人の仕事が忙しくてイライラしていたら、赤ちゃんの夜泣きが酷くなり、仕事がいち段落して精神的に余裕が出てきたら、それと同時に夜泣きがなくなったという話も同じです。赤ちゃんは両親の心の状態を敏感に感じ取っていて、お母さんが辛い思いをしていたら、精神的に不安定になるものなのです。

お母さんがいつも笑顔でいる。お父さんも笑顔で見守ってくれる。赤ちゃんにとって、これが一番の心の栄養になります。そのためには、出産に伴って受けた負担を早いうちに解消すべきなのです。産後にボディメイキングをすることは、産後の戻りを確かなものにするだけでなく、育児体力を上げていくことにもつながります。自分のためにも、赤ちゃんのためにも、ボディメイキングの時間を作るようにして欲しいのです。

※1　『親の養育スキルが子どもの自尊感情に及ぼす影響―子どもの認知に焦点を当てて―』小玉陽士　日本教育心理学会総会発表論文集　52（321）2010年

産後ボディメイキングをすれば母乳育児を長く続けられる!

なく、いくつかの研究でも多くの

雑誌で特集されるようになってきました。免疫アップなどのほかにも、賢い子供になるという報告もあります※1。ただ、この母乳育児には多くのメリットがあるのですが、デメリットも存在します。

私は母乳育児の推奨者ですが、メリットだけを声高に唱えることはしません。デメリットというものもよく理解した上で、どう母乳育児を進めていくかをお話ししていきます。そうすると、お母さん方は母乳育児を無理なく続けられるようになります。

母乳育児は産後うつの原因になることがある

母乳育児のメリットは本当にたくさんあります。赤ちゃんの免疫を高める、情緒を安定させる、といった赤ちゃん側のメリットだけでなく、子宮の戻りを早める、母性愛を育む、乳がんを予防する、などといった母親側のメリットも知られています。

しかしながら、デメリットもあります。後述しますが、母乳育児は産後うつの原因になり得ることも知られています。それだけではなく、どれだけ赤ちゃんが母乳を飲んでいるかが把握しにくいことや、お母さんの食事の内容や健康状態によって、赤ちゃんの母乳の飲み方が大きく左右されることもあげられます。

そういった理由からか、産後すぐは母乳育児をがんばっていても、次第にミルクとの混合になり、最終的にミルクだけに移行するお母さんが増えています。生後3か月の時点で完全母乳ができている割合は38%※2と、多くのお母さんが完全母乳育児を止めてしまっているのです。

では、産後ボディメイキングを正しく行うと、どうなるのでしょうか。これは私の治療院に来られた方の統計ですが、生後3か月の時点で、54・8%の方が完全母乳を続けることができていました。お母さん方に聞いてみると、母乳の出がよくなったという声もありますが、それ以上に、授乳姿勢が楽になった、3時間おきに母乳をあげても疲れにくくなったなどという声を多くいただくのです。

実は授乳は重労働だった

考えてみてください。生まれたばかりでも3キロ近い重さのある赤ちゃんを、同じ姿勢で数十分もの間授乳し続けるのは、産後の特別な状況の体でなくても辛いものです。

母乳に関するホルモンで、プロラクチンというホルモンがあります。このホルモンは授乳間隔が4時間を超えると急激に減少して、母乳を出しにくくさせてしまいます。生まれたばかりの赤ちゃんは、1回に飲める母乳の量もそれほど多くはありませんから、最初の頃は3時間おきの授乳が必要となります。

仮にきっかり3時間おきに授乳をしたとすると、1日8回の授乳が必要になります。1回の授乳時間の目安は20分といいますが、実際は途中で赤ちゃんも疲れてしまうので30〜40分かかるという人は少なくありません。30分だとしても授乳だけで1日4時間はかかってしまうことになります。

そんな長時間、赤ちゃんを抱っこしたり、少し不自然な姿勢で添い乳をしたりしていると、どれほどの負担となるのでしょうか。産後というのは骨格が緩み、大きな負荷に耐えられない状態になっています。そんな状態ですから、人によっては母乳育児そのものが苦行になるケースも少なくありません。

私の治療院には実物大の赤ちゃんの人形があり、それで授乳姿勢を30分間取ったことがあります。肩や背中は凝《こ》りますし、腕もパンパンになってしまいました。こんな重労働をお母さんは続けなければいけないのです。

本来、授乳は赤ちゃんとのスキンシップの中で一番幸せを感じる行為です。産後ボディメイキングは、あなたにその幸せを存分に味わってもらいたいと考え、少しでも母乳育児による負担を減らすという目的も含まれているのです。授乳の時間が楽しみとなるからこそ、産後ボディメイキングを受けた方は、完全母乳率が高くなったのです。

※1 Mandy B. Belfort et al, Breast Milk Feeding, Brain Development, and Neurocognitive Outcomes: A 7-Year Longitudinal Study in Infants Born at Less Than 30 Weeks' Gestation, Published Online: July 29, 2016

※2 『平成17年度乳幼児栄養調査』厚生労働省

正しい産後ボディメイキングで「産後うつ」の発症が〝ゼロ〟に！

育児をがんばりすぎる人に産後うつが多い?!

最近、産後で話題になってきているのが「産後うつ」です。産後うつの発症率は文献によっても開きがありますが、10～20％と高率で発症し、お母さんの心と体に負担がかかるだけでなく、「子どもの発達にも好ましくない影響」※1を及ぼすので、何より予防が大切といわれています。

発症率は、以前は10人に1人の割合といわれていましたが、現在では7人に1人、あるいは5人に1人という数字も出始めています。それだけ産後うつは一般的なものとなってきました。

どうして産後うつが増えてきたのかについては諸説あります。育児に関して高い理想があり、体に負担を感じている人に多く起こりやすいようです。前述した〝母乳育児〟を積極的に行おうとがんばる方に、産後うつが起きやすい傾向が見られるのです。

こういった理由から、体の負担を軽減させながら、母乳に関するトラブルを減らすことができれば、産後うつが減るのではないかと考えたのです。

正しいボディメイキングで産後うつのリスクが減る

産後ボディメイキングの相談に来られる女性全員が、私の治療院に通われるわけではありません。通われない方に話を聞いてみると、8割を超える方が「主人から反対された」と答えます。私も仕事柄いろいろな数字を調べますが、この数字には正直驚かされました。

産後のケアに最適な時期は限られています。後から対応しようとしても手遅れなことがあるのは前述した通りです。ですから、産後の体の回復のこともふまえると、ボディメイキングは、少なくとも産後3か月には始め、産後7か月くらいまで続けて欲しいと考えています。

また、産後うつのハイリスク期間は産後7か月までといわれています※2。産後7か月なんて、あっという間に過ぎ去ってしまいます。そう考えられればよいのですが、人の体には、症状を記憶してしまうという、やっかいな機能がついています。痛みで長く苦しんでいると、痛みを起こす原因が解消されても、痛みを感じ続けることもあります。

毎日の育児や家事が辛ければ、産後うつのようには見えなくても、次第に家事放棄、育児放棄にもつながってしまいます。だからといって、産後ボディメイキングを受けたら産後うつが減るのかというと、疑問が残ります。

実は、これについて劇的な結果が得られています。2014年と2015年に当治療院の産後ボディメイキングに通われた方を調べた結果、産後うつを発症したケースは「ゼロ」

件でした。

抗ストレス施術を組み込むことで産後うつは予防できる

本書は、単にボディメイキングのための本ではありません。〝きれいなお母さん〟というのは、見た目がきれいなだけでなく、健康でもあるというのが私の考えだからです。健康というのは、痛みなどの症状がないというだけでなく、精神的な負担が軽減できていることも含まれていて、いわゆる「心身ともに健《すこ》やか」であることが必要です。

なぜ、当治療院に通われた方の産後うつが、0だったのか。後ほど紹介しますが、体の負担を軽減させるのと同時に、抗ストレス施術を組み込んでいるから成し得た数字なのだと思います。

産後のお母さんの体と心を同時にケアすることで、産後うつの発症を極端に減らすことが可能になったのです。

もちろん、本書でも抗ストレスストレッチを紹介しています。多くの方が、本書だけで産後うつを予防できるように作ってありますのでご安心ください。

また、産後うつをすでに発症した方や、産後3か月を超えた方でも、十分に効果が期待できるようになっています。ぜひ、取り組んでみてください。

※1 『産後の母親と家族のメンタルヘルス　自己記入式質問票を活用した育児支援マニュアル』吉田敬子他　母子保健事業団 2012年

※2 『産後うつ病と育児支援』岡野禎治　精神経誌　114(4)2009年

産後ボディメイキングで2人目不妊を予防できる！

少し古い数字ですが、2005年に妊娠を希望して病院に通院していた女性は17万9000人。そのうち、〃2人目不妊〃で通っていた方は5万人と、およそ3・5人に1人は2人目不妊での受診でした※1。1人目がすんなり妊娠できても2人目がなかなか授からないという女性が「非常に多い」というのが現実だったのです。

それではなぜ、2人目不妊が多くなってしまうのでしょうか。先に書いておきますが、「1人目の妊娠から期間が経っているからそれだけ妊娠しにくくなるんだよ」ということではありません。

不妊治療を受けている3・5人に1人は〃2人目不妊〃

今、産後のお母さん方の間で問題になっているのが2人目不妊。一般に6人に1人が不妊といわれていますが、2人目不妊というものは、一般の不妊の率よりも高くなるだけでなく、深刻になるともいわれています。産後、なぜ不妊になりやすくなるのかを知らないと、次の子がなかなか授《さず》からないというだけでなく、下手をすると閉経を早めてしまうことにもつながります。

は、思いのほか、ありません。少しくらいは卵の質の低下は起き得ますが、それが妊娠しにくくなる大きな原因とはならないのです。

骨盤底筋群の損傷が2人目不妊の原因の一つ

女性は男性よりも骨盤底筋群に負担がかかりやすい、という特徴があります。

なぜ、女性の方が負担がかかりやすいのかというと、出産する関係で、産道を得やすくするために骨盤の下側（骨盤下口）が広く、骨盤底筋の面積が広いから。

男性は尿道と肛門の2つの穴があいていますが、女性は膣を含めて3つの穴があいているので負担がかかりやすいことがあげられます。そして、元々の骨盤底筋群の厚さが男性よりも薄いという特徴があります。筋肉が薄く広さを必要としていて、しかも穴が男性よりも多いのですから、どうしても負担がかかりやすくなります。そういった特徴を持っている上に、十月十日《とつきとおか》という長期間胎児を支え、しかも出産の過程で大きく損傷する骨盤底筋群。これが2人目不妊の原因の一つとなります。

出産は閉経を早めてしまうことも？

43ページでも紹介したように、産後の骨盤底筋群の損傷は〝後からケア〟しても、期待通りに改善することはできません。ですから、産後3か月から始め、7か月以内に改善することが最も重要であり、それによって2人目不妊を予防することができます。

私の治療院は、不妊で悩む方に対する施術

でも知られているため、産後ケアを行う際には、２人目不妊の予防も行っています。こういった考えのもとで施術しているからでしょうか、施術期間中にオメデタになる患者さんも少なくなく、３人連続当治療院で妊娠・出産された方も複数いらっしゃるほどです。

また、当治療院に通い、40歳代半ばで妊娠された方が産後ケアに来られることも多いのですが、そういった方の場合は月経の回復を念頭に施術をしていきます。２人目不妊になりやすいということは、年齢によっては月経が止まってしまう可能性も高いということになるからです。

女性にとって、閉経が早まるのはあまりよいことではありません。高血圧などの男性型の病気に罹《かか》りやすくなったり、骨《こつ》粗《そ》鬆症《しょうしょう》という骨が弱くなる症状を引き起こしたり、脳卒中や冠状動脈性心疾患のリスクも上げることが分かっているからです※2。40歳代での出産は２人目不妊だけではなく、更年期対策も同時に考えたいですね。

産後すぐに次の赤ちゃんのことを考えるのは大変だと思います。本書のプログラムは、もとから２人目不妊対策も含めてあります。ちなみに、２人目不妊対策は更年期障害対策にもつながります。体型の改善だけではなく、女性としての機能改善という意味でも、早めに取り組んで欲しいと思います。

※1 『晩産化と挙児希望女性人口の高齢化』岩澤美帆、三田房美　人口問題研究　63(3)2007年

※2 Wellons M et al, Early menopause predicts future coronary heart disease and stroke: the Multi-Ethnic Study of Atherosclerosis. Menopause. 2012 Oct; 19(10)

〝産後太り〟が起きてしまう理由は睡眠不足による空腹感！

〝産後太り〟という言葉をご存じでしょうか。産後、更に体重が増えてしまう方がとても多いのですね。「断乳したら体重が増えた」とか、「出産後数キロしか体重が減らず、徐々に体重が増えている」といった声を聞いたことがあると思います。最近では「一度は妊娠前の体重に戻ったけど、今では出産前の体重まで増えてしまった」という人にも出会うことが増えてきました。

２００３年の報告では、30～40％の女性が妊娠前の体重に戻ることができず、平均で2キロもの体重増が起きているとあります[※1]。現在は、それよりも肥満傾向が見られ、70％近くが産後太りを起こしているといわれます。純粋に食べる量が増えることで産後太りが起きる、という単純な理由だけではなく、産後特有の生活が肥満を誘発しているのです。

産後太りは睡眠不足が関係している

これほど多くの方が悩んでいる産後太り。その原因は、単純に食べすぎというだけではありません。産後うつで食べ物に逃避するからというだけでもなく、産後は太りやすくなる避けようがない原因があるのです。

産後、なぜだか食べ物に手が伸びる状態を、私は〝産後過食症候群〟と呼んでいますが、これを引き起こすのが睡眠不足です。実は、睡眠不足が強い空腹感を覚えさせて、食欲を増強させることが分かっています※2。

産後すぐは、おおよそ3時間ごとに赤ちゃんに授乳することになります。1回に20分程度の授乳時間、長い方ですと1時間も授乳していることがありますが、これが3時間おきにやってきます。授乳中は慢性的に睡眠不足になってしまうわけですね。

私も子供が赤ちゃんの頃は、妻がまとめて睡眠が取れるように、食事を作ったり掃除洗濯をしたりといろいろ手伝いました。それでも十分な睡眠を取ることは、なかなか難しいのです。なぜなら、男性がいくら家事や育児を手伝っても、お母さんに代わって赤ちゃんに母乳をあげることができないからです。

産後、7割の人が「体重が戻らない！」

体重が戻らず、嘆くお母さんが現在急増中！

産後過食をしないために必要なのはストレスコントロール

先に書いておきますが、過食を解消するために、むやみに食べることを我慢する必要はありません。ストレスのはけ口として〝食べ物〟を欲しているのに、食べるのを我慢したら、そのストレスはご主人であったり、赤ちゃんであったりに向かうからです。産後過食症候群は食べるのを我慢するのではなく、食べたいという欲求を過剰に引き起こす原因をなくすことが一番大切なのですね。

どうすれば過食に傾かせる原因をなくせるのでしょうか。それは、抗ストレスストレッチを行うことで防げます。睡眠不足は強いストレスになりますが、このストレスは血糖値を上げるのと同時に、血糖値をコントロールするインスリンの作用を低下させます。しかも、ストレスは過食を生みますから、体はどんどん脂肪を溜め込むことになります。だからこそ、ストレスをコントロールして、産後の過食を減らすのです。

家族の協力を得られることも大切ですが、何によってお母さんの精神的な負担をどれだけ減らせるか、それを考えて行うことが、効果的な産後ボディメイキングとなるかどうかを決める要素となるのです。

そういった考え方のもとで、私の治療院では施術を行います。また、代謝を上げやすくするための施術や生活指導も合わせて行うので、産後太りが起きにくいと多くのお母さん方から喜んでいただいています。産後太りが始まってからケアするよりも、産後すぐから始めて産後太りを予防する――ぜひ、本書に書かれているストレッチを行い、産後太りの起きにくい体を手にしてください。

※1 『妊娠から産後を通した体重の変化と食事内容の追跡調査』中川光子他 母性衛生 44(4) 2003年

※2 Stephanie M. Greer et al, The impact of sleep deprivation on food desire in the human brain. Nature Communications 4, 2259 August 2013

産後ボディメイキングをより効果的に行うためには

時間帯によって目的を変えてストレッチを行う

本書では、大きく2種類のストレッチを紹介しています。一つは、体の回復やストレスを解消するためのもの。もう一つは、筋力アップなど体をポジティブに動かすためのもの。この2種類のストレッチを組み合わせることで、効果的に産後ボディメイキングを行うことができるのです。こういった趣旨の異なるものを同時に行うためには、体の周期性を利用するのが一番です。

体内時計という言葉を聞いたことがあると思います。実は、人の体内時計は一つだけではなく、多くの時計を同時に動かしていて、それを光によってコントロールしています。光の強さだけでなく、波長もこの時計に影響を与えています。

ですから、光量が多く青みも強い午前中は体をポジティブに動かそうとする時間帯となり、黄色味がかるお昼になる頃にはピークを迎えます。光量が落ち赤みがかってくる夕方になると体の機能を抑制していき、日没とともに体は休息に向かいます。このような周期性を形成しています。産後ボディメイキングを行う際には、こういった体の周期性を使います。

例えば、〝抗ストレスストレッチ〟のような体を休ませるためのものは、就寝前に行うことで効果をより高く期待することができます。また、筋力をアップしたり体を引き締めたりするようなものは、午前中からお昼にかけて行って欲しいと思います。

産後ボディメイキングはまとまった時間が必要なものではありませんから、時間帯を意識しながら、ちょっとした時間を使って家事や育児の合間に行っていくとよいでしょう。

効果的にケアするためのポイント

- ストレッチは、どこに行うかを意識する
- 少し物足りない程度に行う
- 痛みや違和感を覚えるものは行わない
- 各ストレッチの推奨する時間帯に行う
- ストレッチの回数は物足りなくても増やさない
- ストレッチがきつく感じるときは回数を減らしたり時間を短くしたりしてもよい

何より大切なのは無理をしないこと

そして、最も重要なのは無理をしないこと。産後の時期に一番ケアをしたい筋肉は出産時に損傷してしまう〝骨盤底筋群〟です。この筋肉の回復には〝激しい運動〟はご法度《はっと》です。最近では少しでも早く体のラインを戻した

いからといって、産後の早い時期からエアロビクスなどをする人も増えてきましたが、その関係で、ひざや股関節、腰などを痛める人も増えてきました。また産後十数年も経たないうちに、尿漏れを起こしている人も多くなりました。

地味ではありますが、目的を持って確実に問題を解消していくことにより、一番効率的に産後ボディメイキングを行うことができるのです。妊娠前から運動する機会が多かった人ほど、前述したような激しい運動を産後の早い時期から開始します。「自分はこれだけ体を動かしてきた」という記憶が残っているから、過信してしまうのでしょうね。特に普段から体を動かしてきた方ほど注意して、負荷がかかりすぎないようにケアを進めるべきです。

産後ボディメイキングというのは本来、とても楽しいものです。体重が落ち、体型もきれいに整って、しかも痛みやだるさなども同時に取れていくのですから、女性にとってこれ以上ない喜びになると思います。

産後ケアを始めてすぐは、ストレッチを行うための時間を作るのは大変に感じるかもしれません。ですが、こういった喜びを伴うのが産後ボディメイキングですし、将来的な不安感の解消にもつながるものなので、無理のない程度に続けてみてください。慣れてくれば意外と時間を作れるものです。

お子さんの豊かな情緒を育むためにも、将来のあなたの健康のためにも、そして、きれいなボディメイキングのためにも、本書を活用して産後の大切な時期を有意義に過ごして欲しいと思います。

column

産後のボディメイキングは ご主人も行う

妻の産後ボディメイキングに反対するご主人が多い、と書きましたが、これは「産後問題」は自分に関係がないと思い込んでいる男性が非常に多いからです。ところが、産後の問題は、妻だけのことではないということをご存じでしょうか？　あまり知られてはいませんが、ご主人も産後太りが起きてしまうのです。

出産後、妻が作る料理に変化が起きることに気がつくご主人はほとんどいません。それもそのはずで、多くの場合は急激に変わるのではなく、妊娠中からゆっくりと変わっていくからです。そして、母乳育児のためといって、母乳育児用の食事へと変化します。

一般に女性が1日に必要とする摂取カロリーは1950～2000キロカロリーとされていますが(18～49歳身体活動レベルⅡふつう)、妊娠後期になると、450キロカロリー増えて2400～2450キロカロリーの摂取が必要となります※1。ところが、授乳期の必要量は妊娠前から350キロカロリー増えた2300～2350キロカロリー。100キロカロリーも少なくなります。ですが、多くの方は妊娠後期と変わらない食事を産後も続けているのです。摂取カロリーが7000キロカロリー増えると体重は1キロ増えますが、産後も100キロカロリーオーバーの食事が変わらなければ、産後2か月で体重は1キロほど増加し、半年を過ぎる頃には2.5キロ増となって、産後太りで悩む女性とほぼ同じだけ体重が増えてしまいます。ご主人も妻と同じように食べていたら、妊娠前よりも350キロカロリーほど増えることになるので、20日間で2キロ増と、妻以上に太ってしまいます。ご主人も、一緒に産後太りを引き起こしてしまう可能性が高くなります。

ですから、産後ボディメイキングは妻だけが取り組むのではなく、ご主人も一緒に取り組む必要があります。お互いに手を取り合い、同じ目的を持って夫婦で産後を乗り越える――それが産後の夫婦に必要なことなのです。

※1「日本人の食事摂取基準(2015年版)」厚生労働省

第3章

産後ボディメイキングの基本メニュー

出産すると、誰もが骨盤底筋群を損傷します。すると、お尻がたれたり大きくなることに。パンツを買いにいって、お尻が入らないという悲しい事態になることも。第3、4章のストレッチをすることで骨盤底筋群が鍛えられ、きゅっと引き締まったお尻になります！

ストレッチを行う前に覚えておきたいこと

できる範囲で行う時間帯を意識する

第2章にも少し書きましたが、より効果的に、そしてより安全にストレッチを行ってもらうために、もう少しお話ししておきたいことがあります。

本書で紹介しているストレッチには、全体的な流れの中で、おすすめの時間帯がありま す。なぜかというと、人の体は体内時計によってさまざまなものがコントロールされており、ホルモンの分泌も時間帯によって変わっていくからです。ストレッチを必ずしもその時間帯に行う必要はありませんが、より効果的に行うためには、時間帯を意識して行うとよいと思います。本書ではその時間帯を、大きく次のように分けています。

午前中：午前8時〜午前11時頃
お昼：午前11時〜午後3時頃
お休み前：午後7時〜午後11時頃

もちろん、指定されていない時間帯に行っていただいても構いません。できる範囲内で、おすすめ時間を考慮しながら、産後ボディメイキングを生活の中に取り入れられるとよいですね。

産後3か月から始める

本書のストレッチは前著『産後骨盤ダイエット』とは異なり、産後すぐに始めることは想定していません。早くても、子宮が戻る産後3か月から始めるようにしてください。

帝王切開で出産された方も、同じく産後3か月からに。その他、以下のときにも注意が必要です。

体を早く戻したいと考える人が少なくありませんが、その時期に合ったストレッチを行うことが一番の近道です。無理をせず、あなたが取り組める範囲で行うようにしてください。

本書で紹介しているストレッチは、62ページで紹介している〝効果的にケアするためのポイント〟を念頭において、ひと通り行ってください。

ストレッチをしてはいけないとき

- 産科医の許可が下りない
- 熱がある
- ストレッチを行うときに痛みが起こる
- その他、体調不良　など

少し控えめにしたほうがよいとき

- 寝不足だと感じる
- 空腹及び満腹
- 体を動かすと骨盤周辺が痛む

産後回復 基本メニュー

産後の回復の基本は筋肉の引き締めにあります。どうすれば体に負担をかけずに筋肉を引き締められるかが産後の回復を大きく左右します。

おすすめ時間
午前中
午前8時～11時頃

重心戻しストレッチ

1 壁際に立ち、両足を1歩分前に出し、背中を壁につける

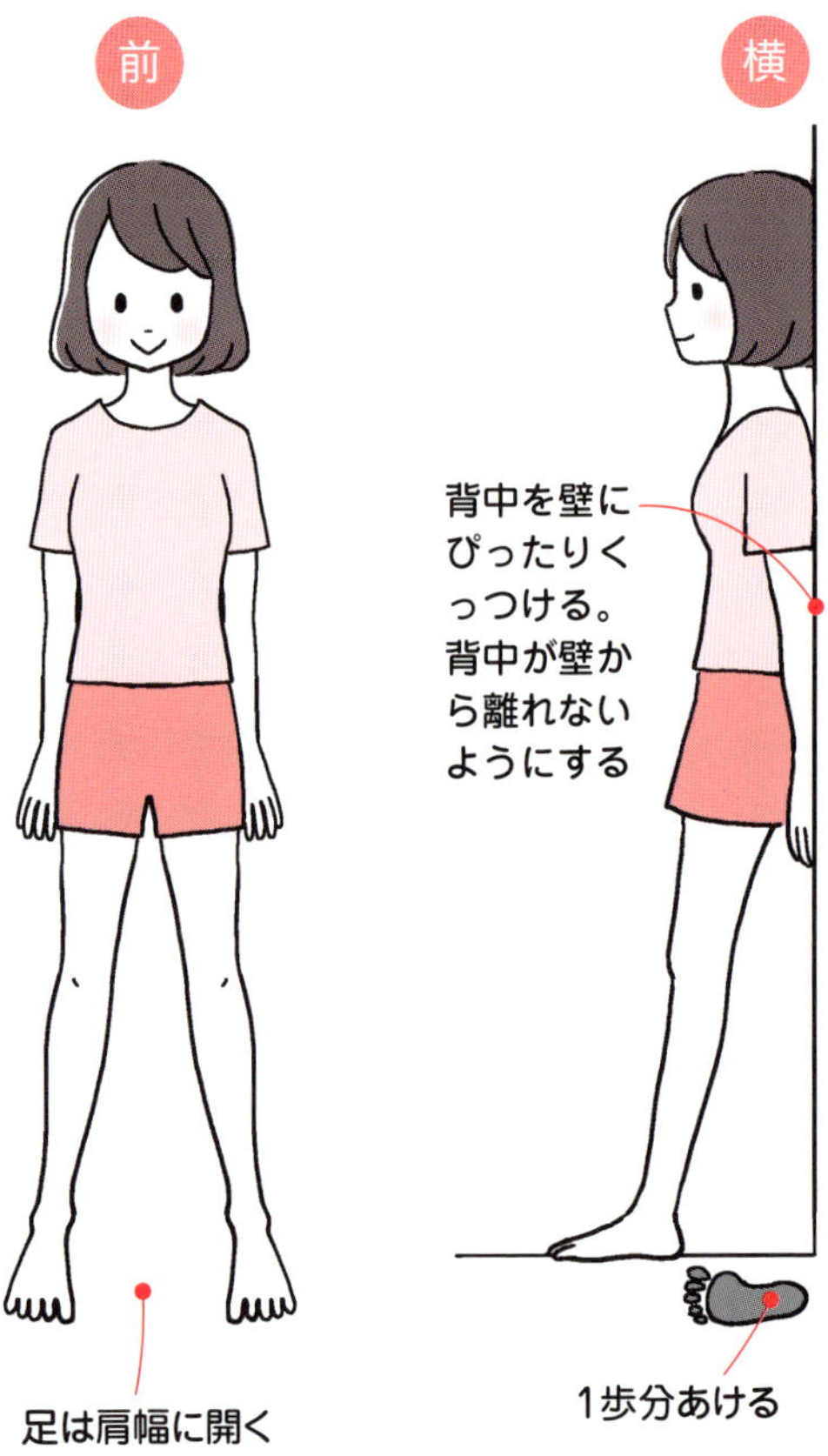

前
横
背中を壁にぴったりくっつける。背中が壁から離れないようにする
足は肩幅に開く
1歩分あける

壁際に立ち、肩幅に足を開きます。両足を1歩分前に出し、背中を壁につけます。

2 ゆっくりと腰を落とす

足首が90度になるように、
ゆっくりと腰を落とします。

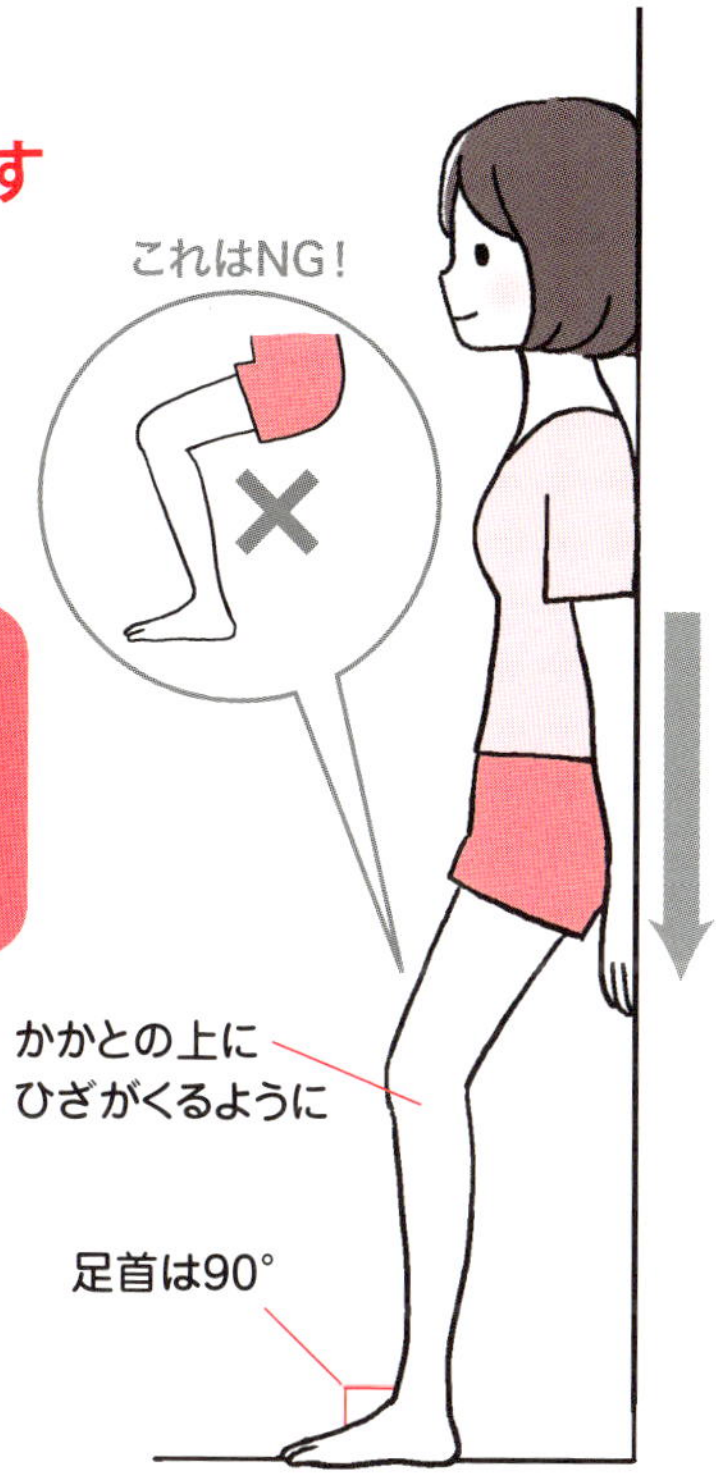

注意ポイント

ひざが足首よりも前にくると、ひざに負担がかかることに。

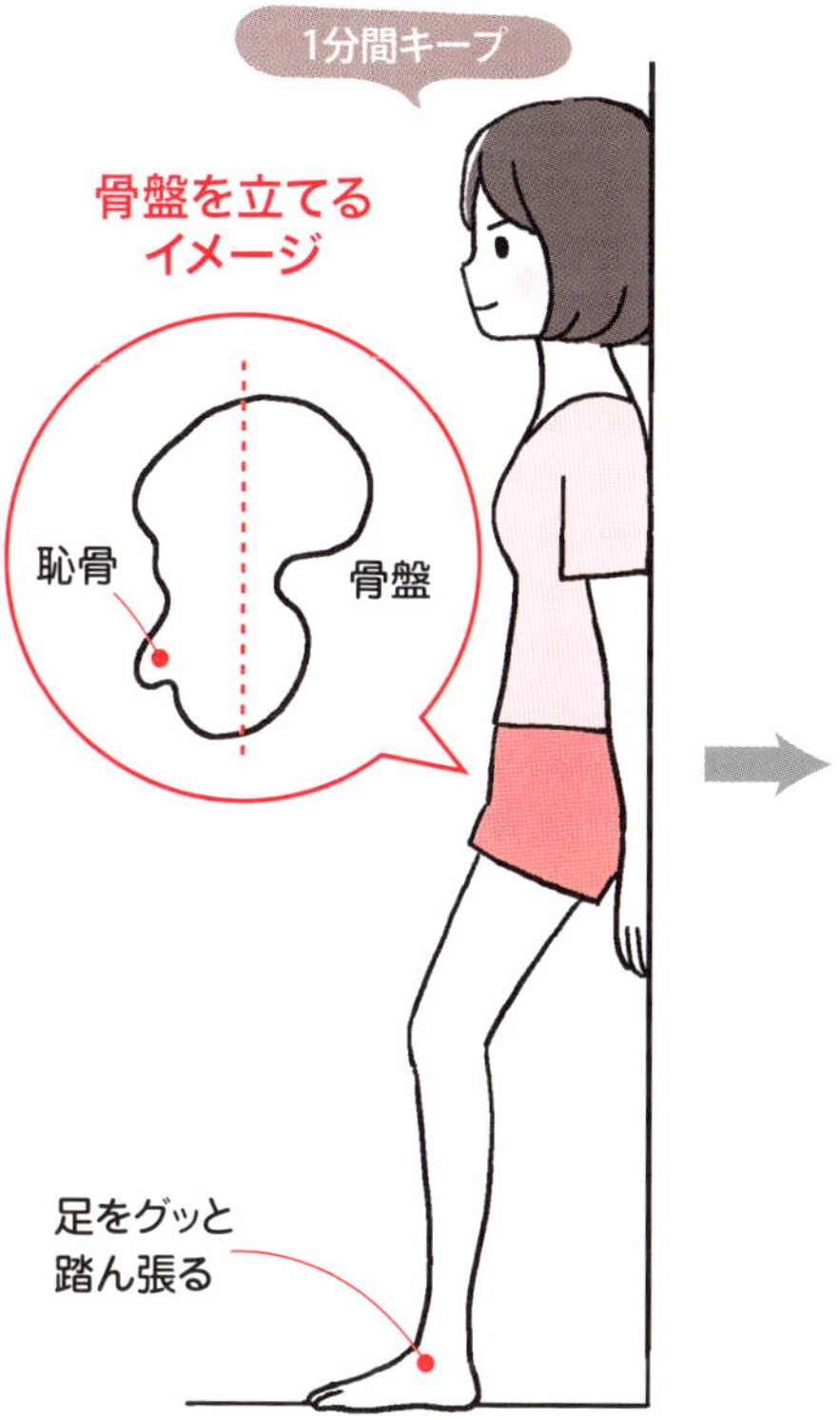

3 腰を壁に押しつける

骨盤を立てた状態で、腰を壁に
押しつけます。

1回行う

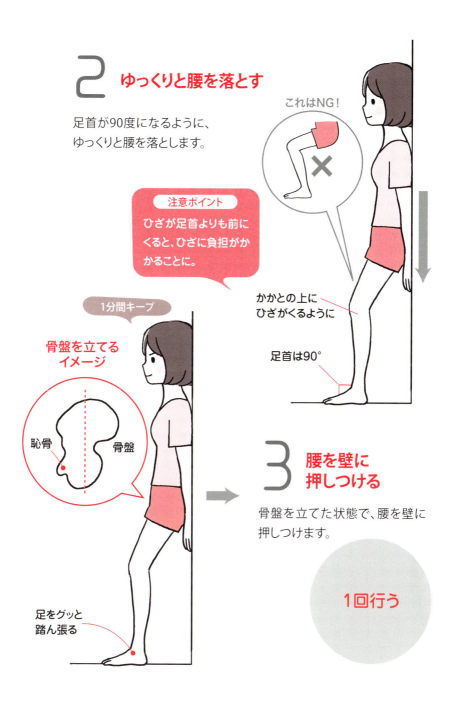

重心を高くする
ストレッチ

1 かかとを壁から離し、壁にお尻をつける

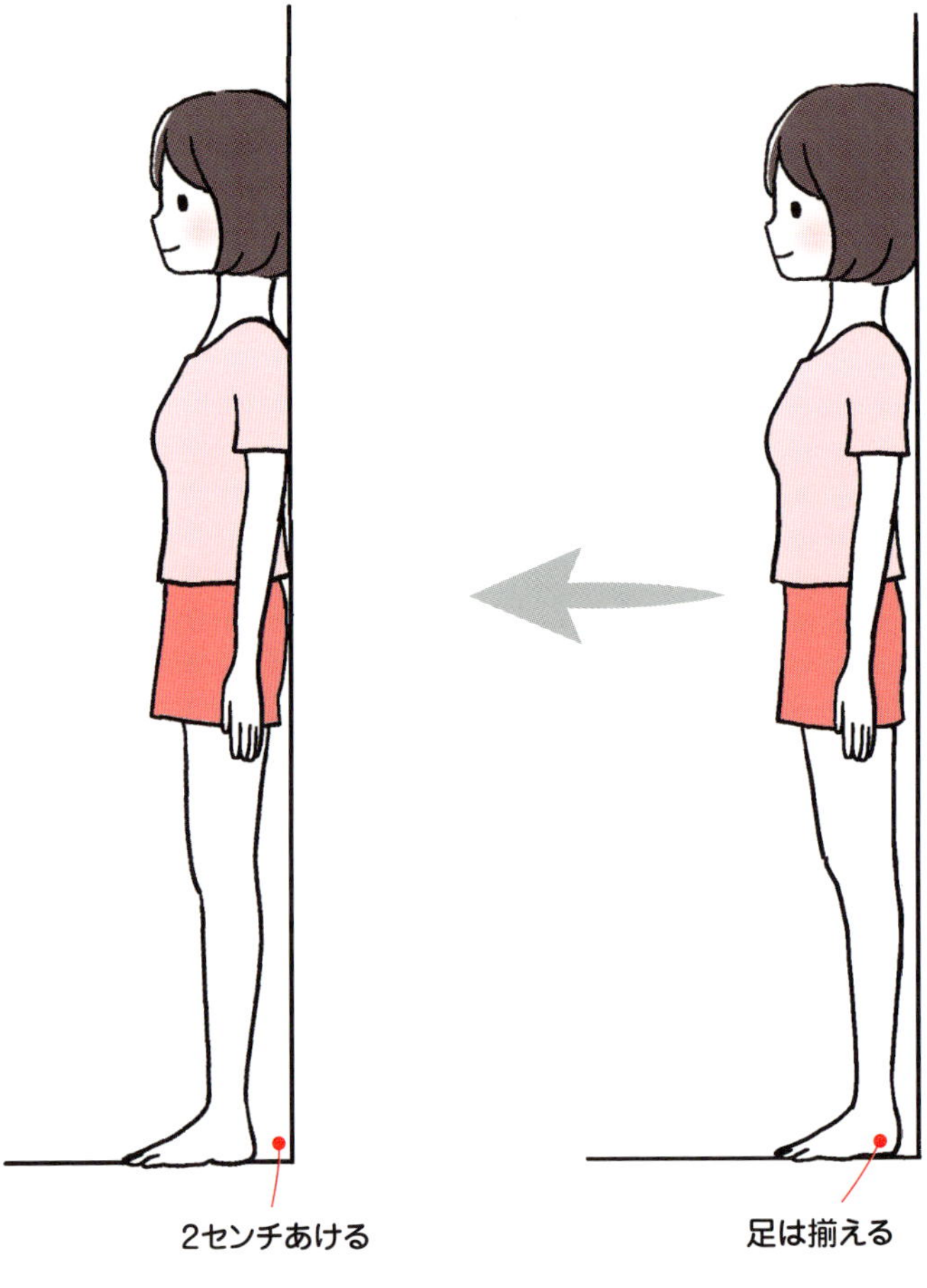

ブラジャーをはずし、足を揃えて壁際に立ちます。
かかとを壁から2センチ離し、お尻を壁につけます。

2 手のひらを合わせて頭の上に伸ばし、息を吸う

両手のひらを合わせて、頭の上に伸ばします。鼻から息を吸い込みながら、下腹部を引き上げて胸郭を広げます。

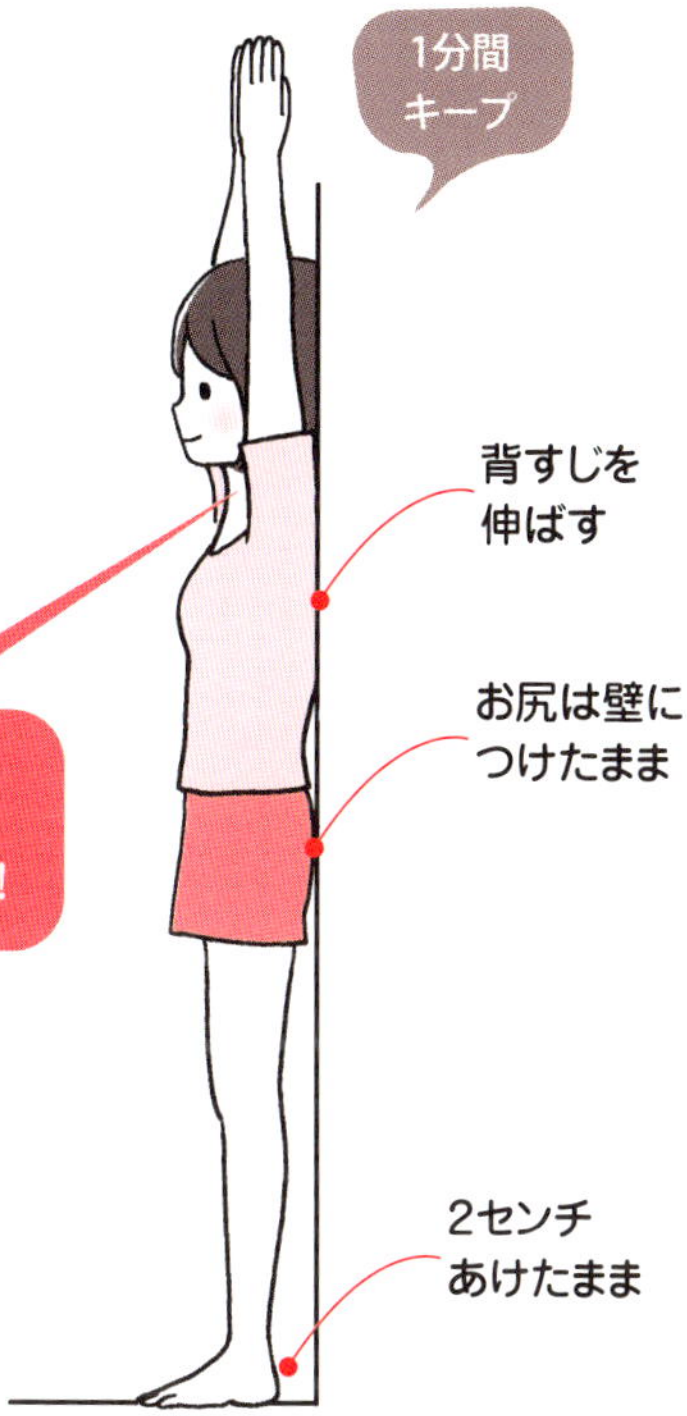
1分間
キープ
背すじを
伸ばす
お尻は壁に
つけたまま
2センチ
あけたまま

注意ポイント

肩は上げないように!

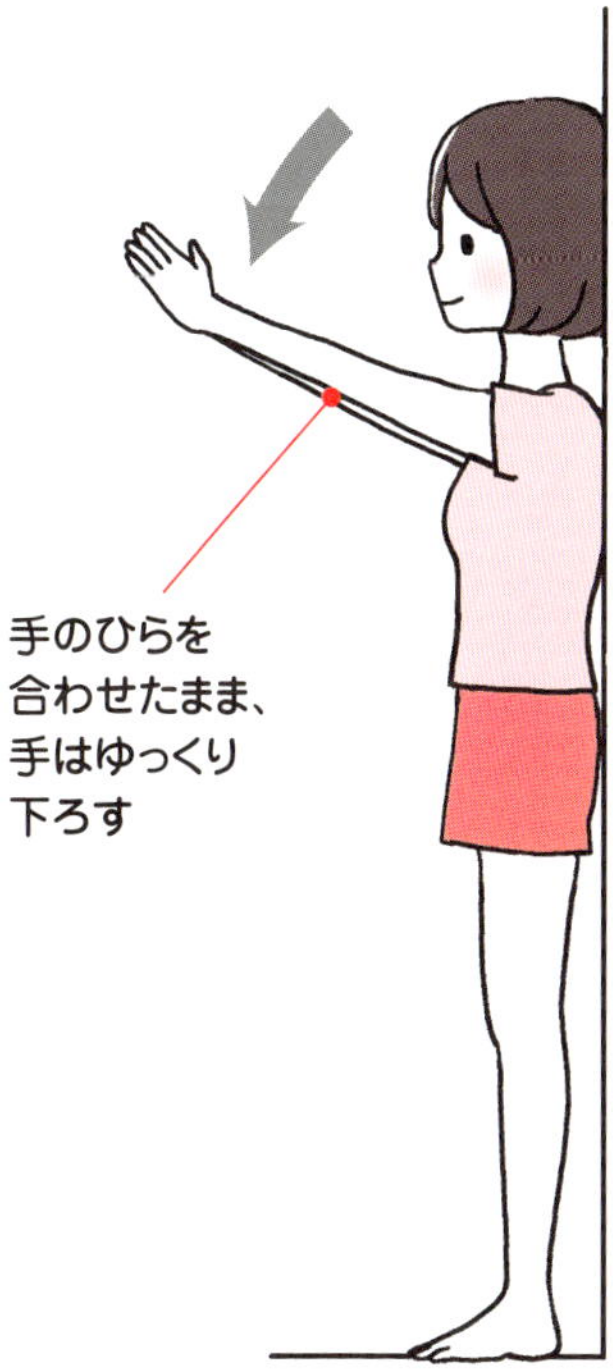
手のひらを
合わせたまま、
手はゆっくり
下ろす

3 息を吐きながら、両手を下ろす

十分息を吸い込んだら、鼻から息を吐きながら両手を下ろします。

ひと呼吸休み、
2〜3を
4回繰り返す

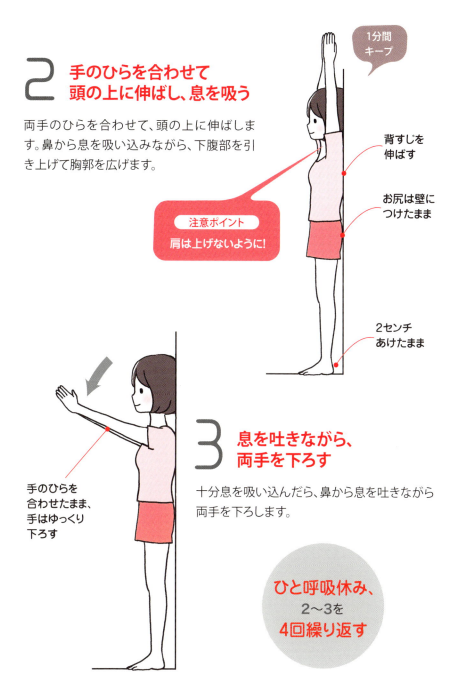

骨盤底筋の回復メニュー

産後は骨盤が開いた状態になっています。産後の今、骨盤底筋を鍛えて回復させると、年を重ねたときに尿漏れの心配がなくなります。

おすすめ時間
午前中
午前8時～11時頃

まずは簡単バージョン

仰向けに寝て、お尻を締める

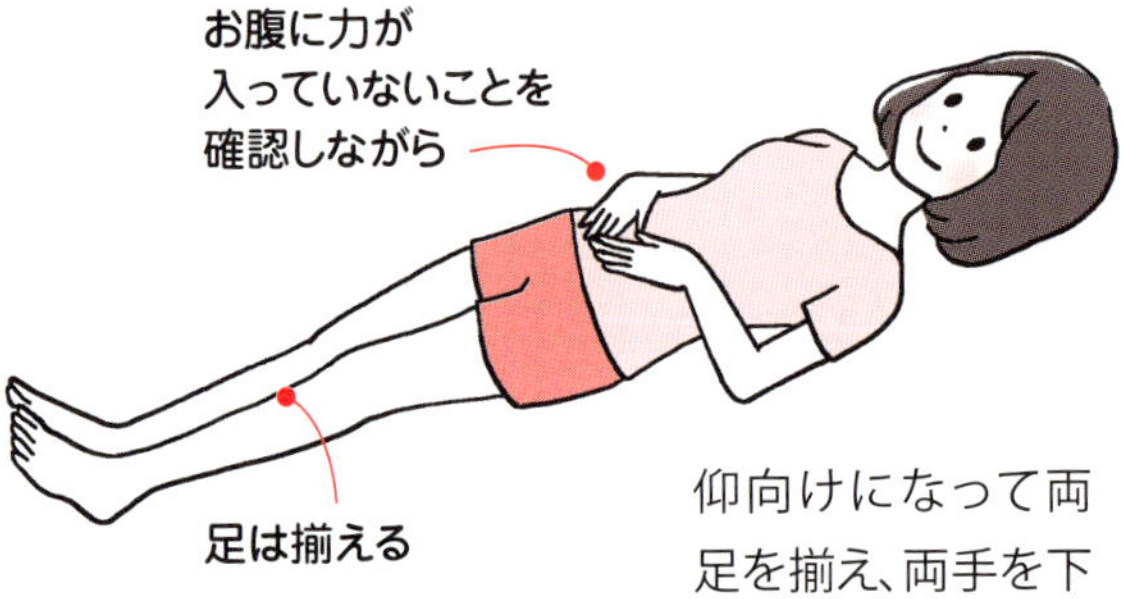
お腹に力が
入っていないことを
確認しながら
足は揃える

仰向けになって両足を揃え、両手を下腹部に当てます。

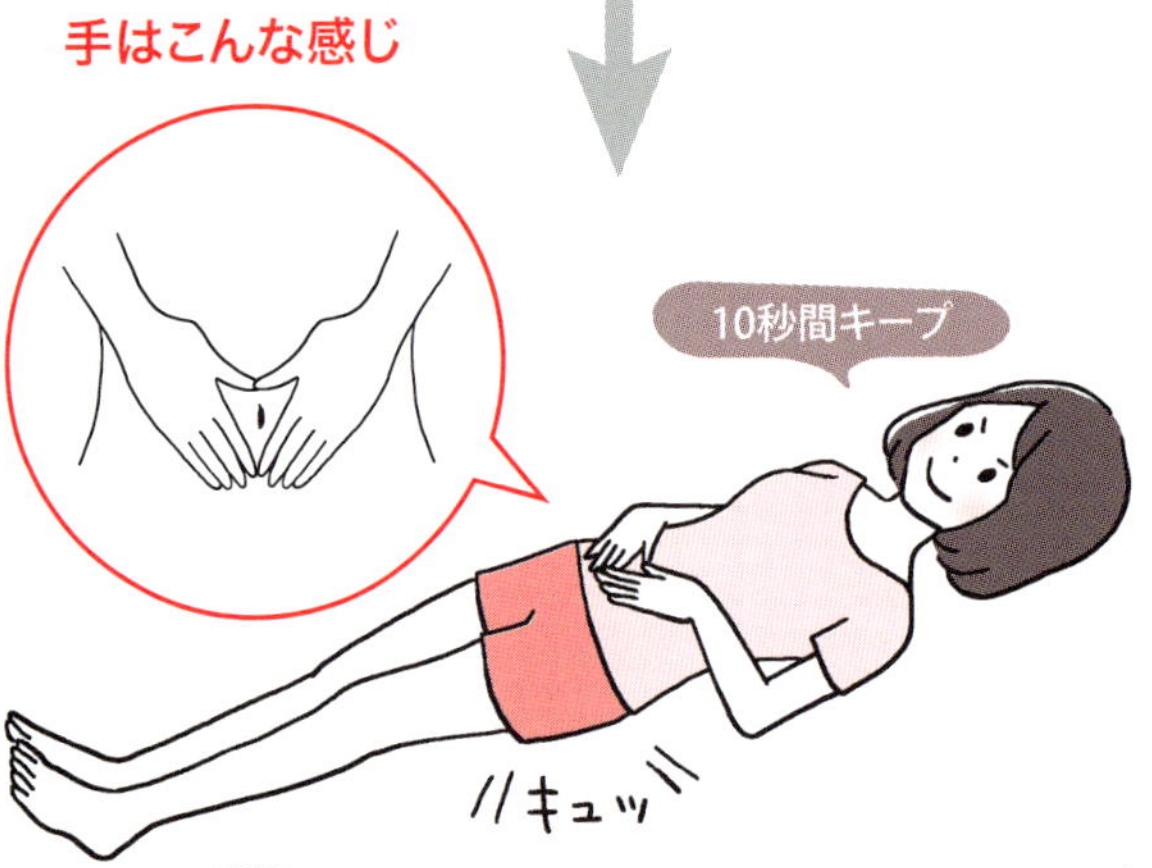
手はこんな感じ
10秒間キープ
キュッ

肛門を締め、おしっこを止める感じで、ゆっくりと力を入れます。10秒間キープし、ゆっくりと力を抜きます。

6回繰り返す

できるだけ
1日5～6セットする
ことがおすすめ

慣れたら強度をアップ！

仰向けに寝て、ひざを立て、お尻を締める

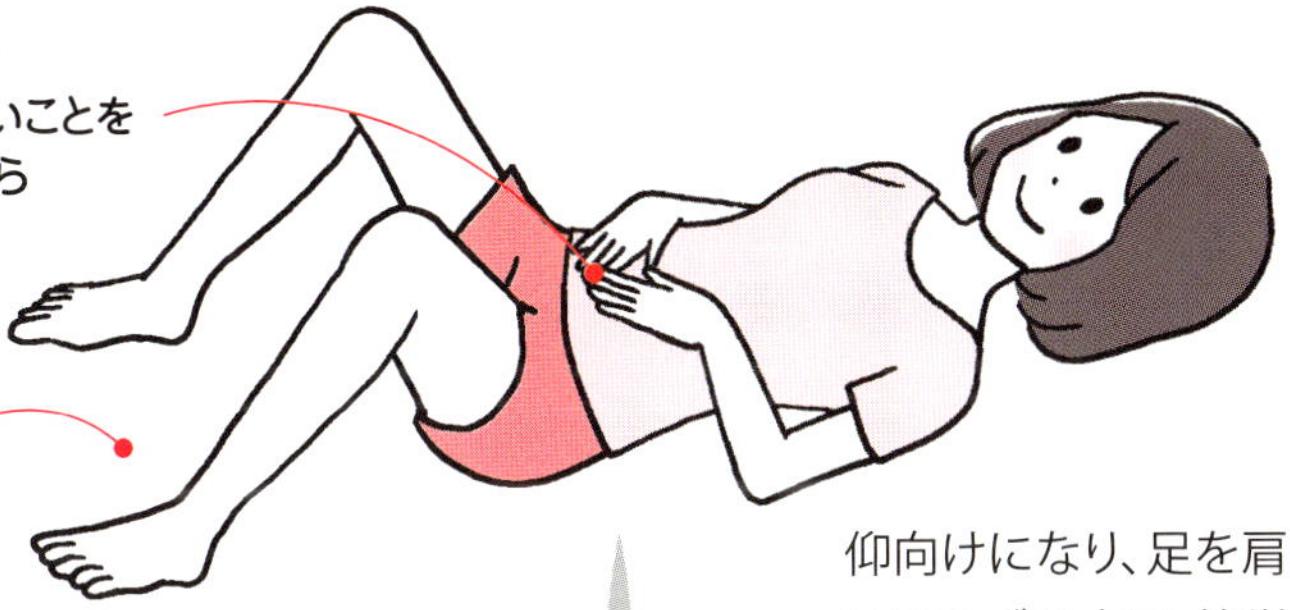

仰向けになり、足を肩幅に開いてひざを立て、簡単バージョン（P72）と同じように、両手を下腹部に当てます。

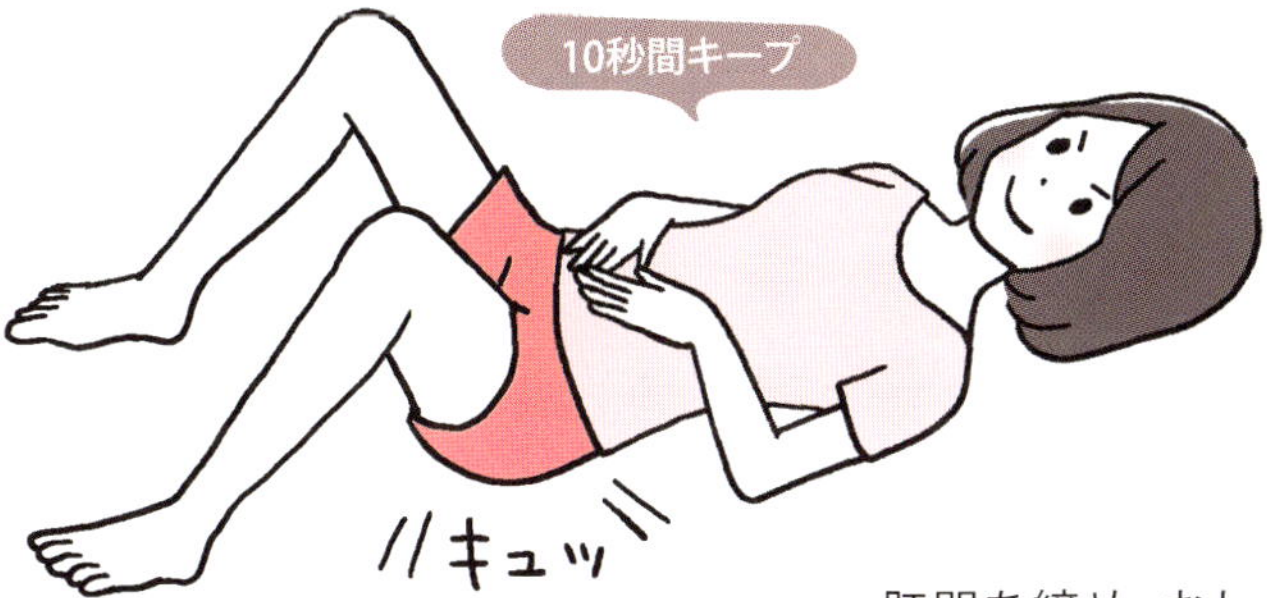

肛門を締め、おしっこを止める感じで、ゆっくりと力を入れます。10秒間キープし、ゆっくりと力を抜きます。

6回繰り返す

できるだけ
1日5～6セットする
ことがおすすめ

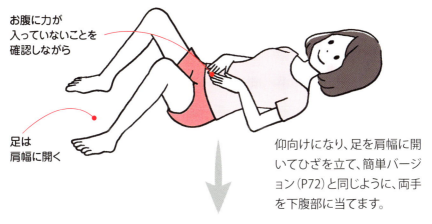

皮下脂肪を根こそぎ落とすマッサージ

産後には、筋肉の引き締めとともに、結合組織を動かし、余分な皮下脂肪を根こそぎ落とすことで、体を戻していきます。

1 いすに座り、足を開く

いすに座り、肩幅に足を開きます。

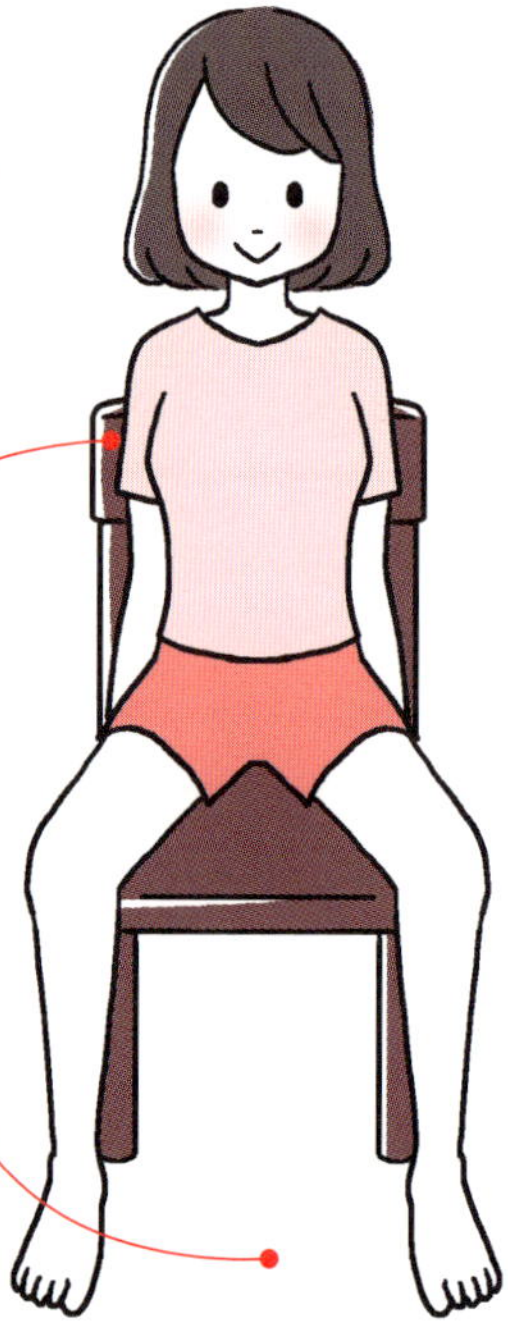
背もたれには
つかない程度に
肩幅に開く

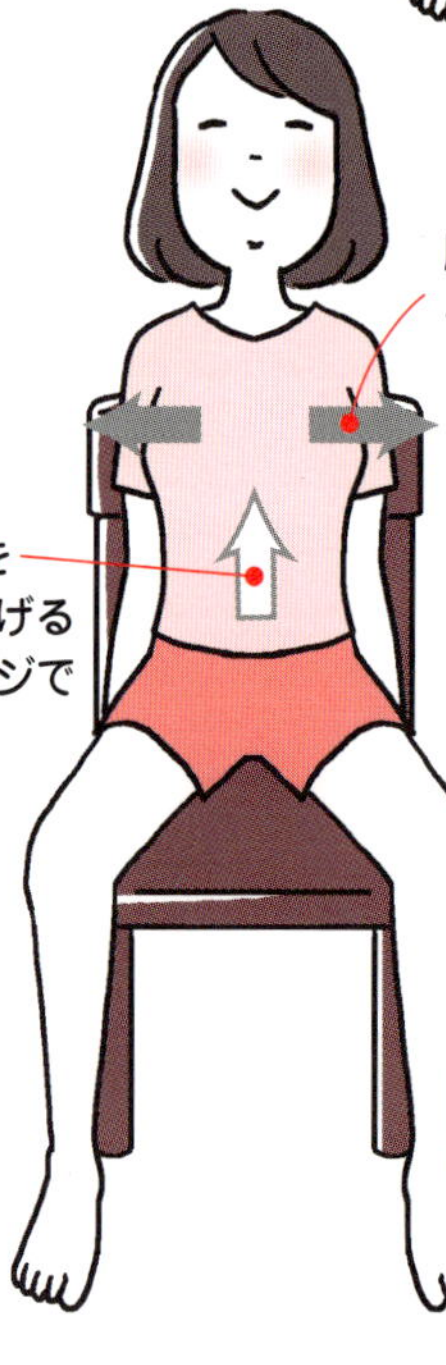
肺を広げる
イメージで
腸を
引き上げる
イメージで

2 胸郭を広げる

背すじを伸ばして下腹部を軽く引き上げ、胸郭を広げます。

おすすめ時間
午前中
午前8時～
11時頃

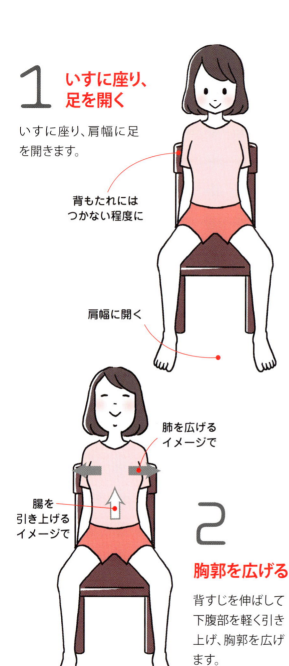

3 親指の外側全体を使い、ウエストをさすり上げる

腰に手を当てます。親指の外側全体を使い、おへそに向かって皮膚をゆっくりと、そしてしっかりとさすり上げます。

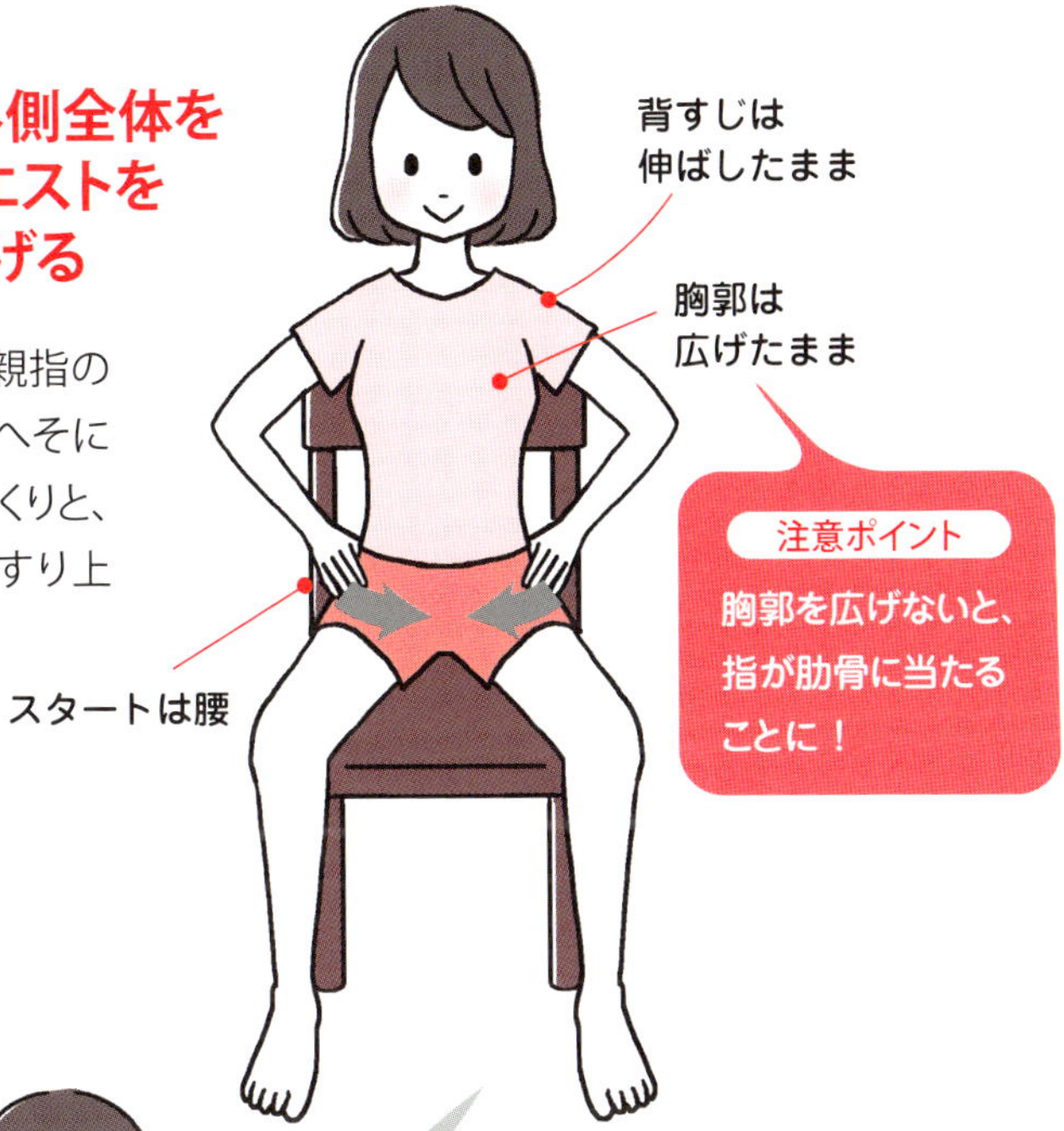
背すじは
伸ばしたまま
胸郭は
広げたまま
注意ポイント
胸郭を広げないと、
指が肋骨に当たる
ことに！
スタートは腰

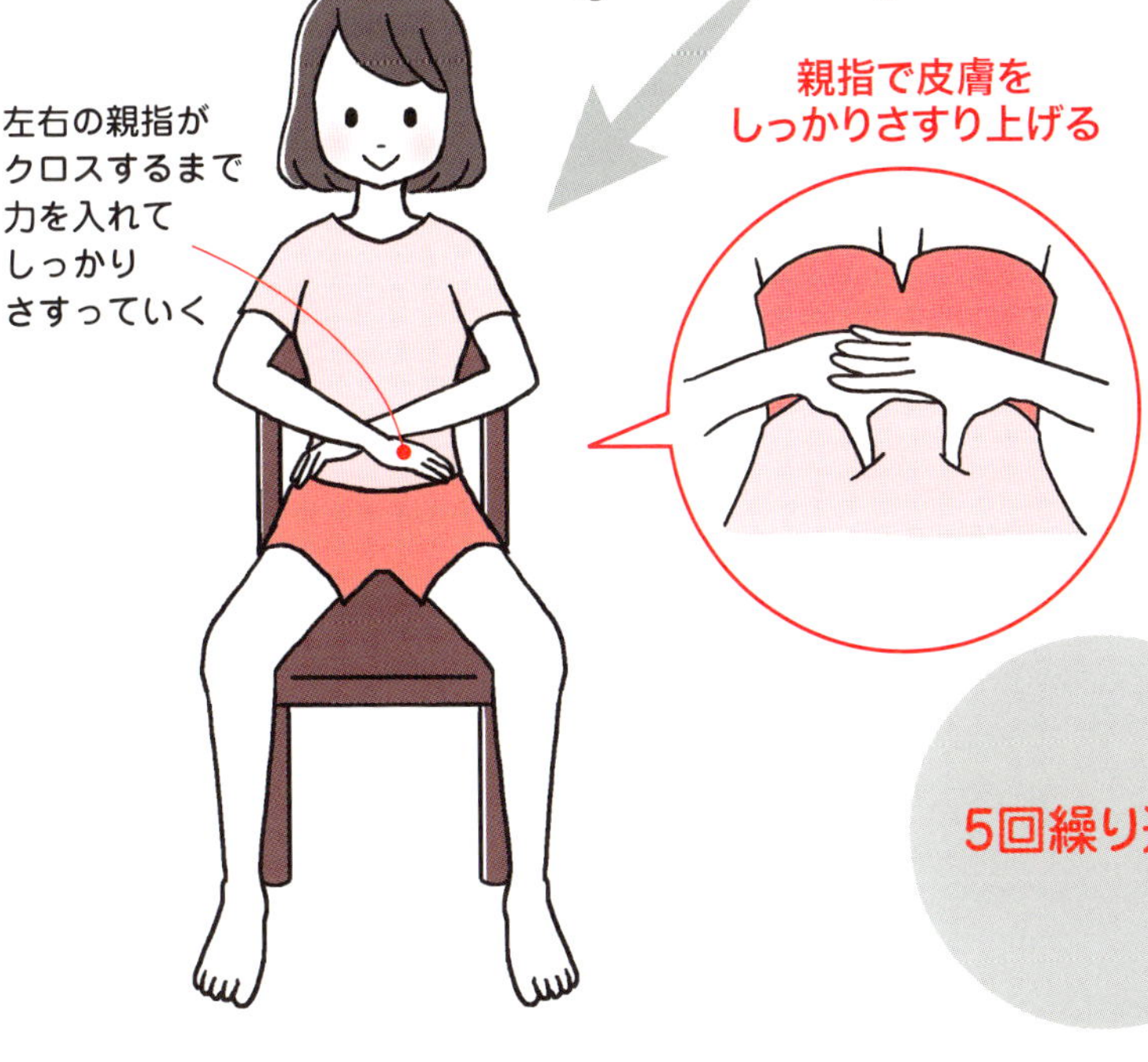
左右の親指が
クロスするまで
力を入れて
しっかり
さすっていく
親指で皮膚を
しっかりさすり上げる

5回繰り返す

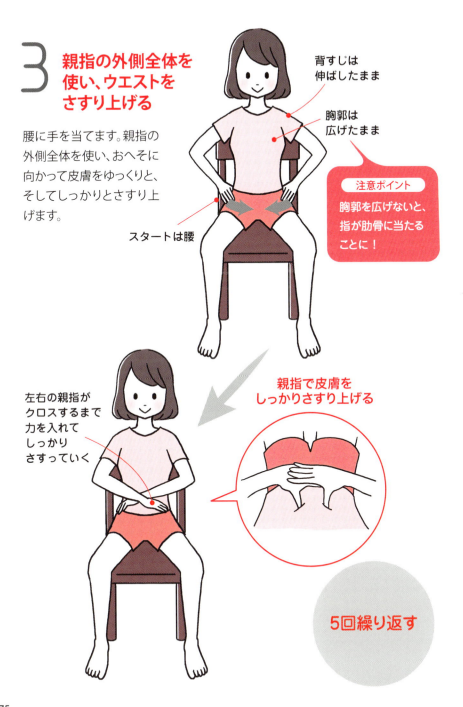

体引き締めメニュー

ここまで各パーツのストレッチを行って体が引き締まりやすくなっています。最後に全身のストレッチをして、もっと体を引き締めやすくします。

おすすめ時間
午前中
午前8時〜11時頃

1 仰向けに寝る

仰向けになります。両足を揃えて、手のひらを下に向けます。

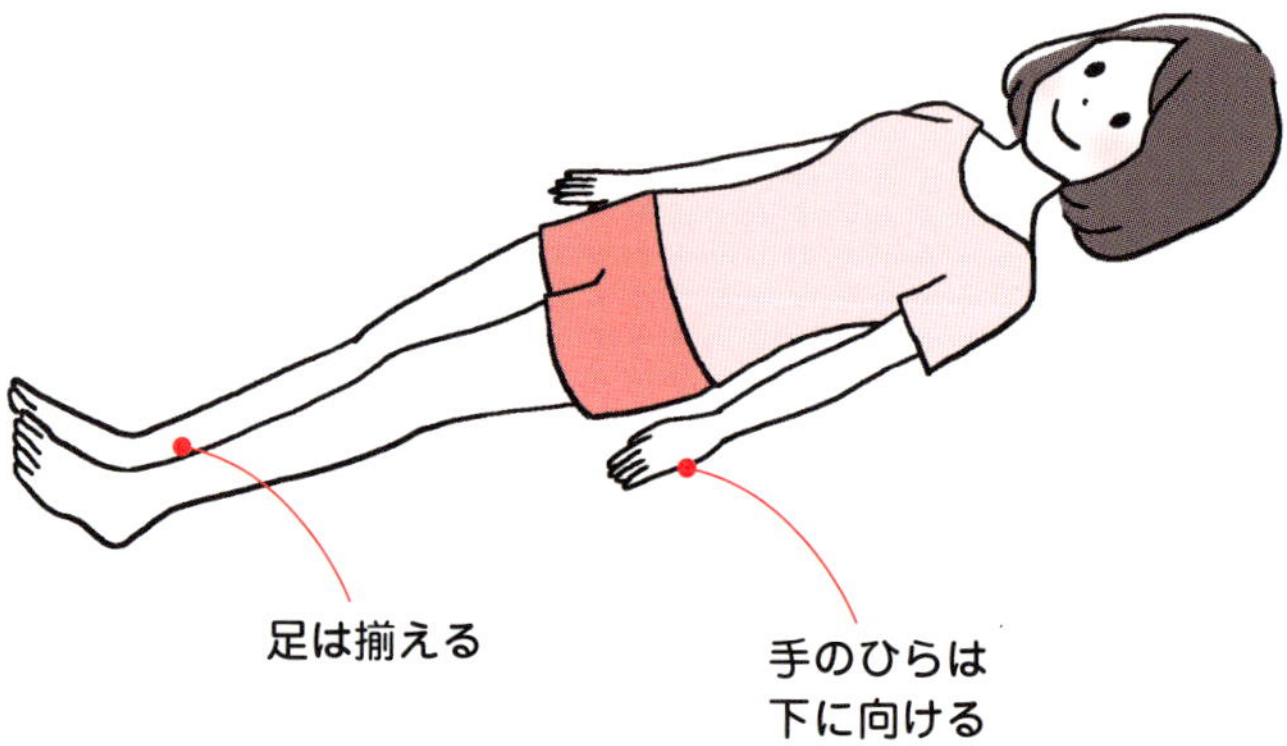

足は揃える
手のひらは
下に向ける

このストレッチは、
息を止めないように、
そして、体全体の
緊張感を保ったまま
行いましょう

2 ふくらはぎとお尻に力を入れる

つま先を立て、ふくらはぎをつけるように意識して力を入れます。肛門を引き締めつつ、お尻全体にも力を入れます。

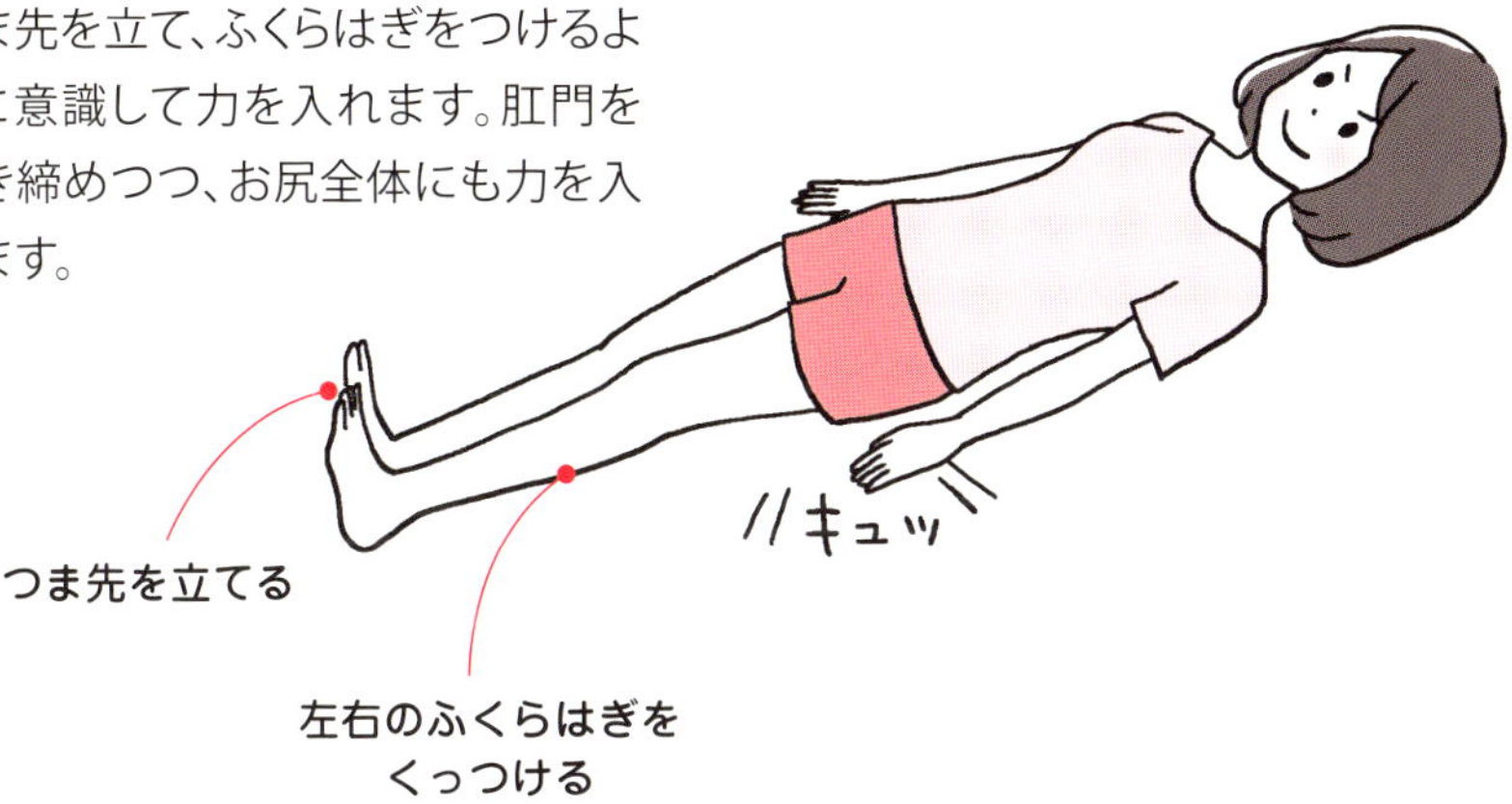

キュッ
つま先を立てる
左右のふくらはぎをくっつける

3 両手のひらを床に押しつける

腰が反らないようにして、両手のひらを床に押しつけます。

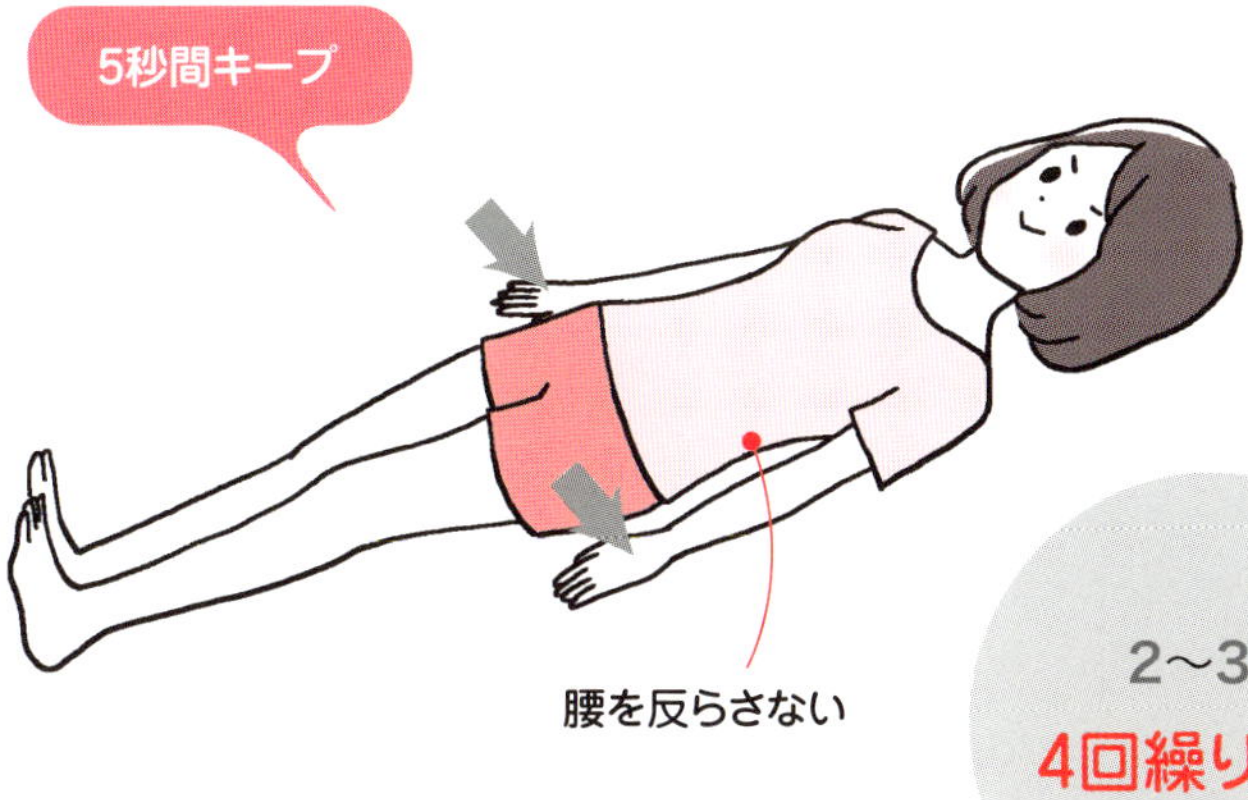

5秒間キープ
腰を反らさない

2〜3を
4回繰り返す

「愛のホルモン」が
産後の生活をより豊かにする

「愛のホルモン」と呼ばれるものが、人の体には2つあります。1つは「オキシトシン」というホルモン。これは愛着を高め、赤ちゃんを大切に育《はぐく》もうとするホルモンであり、特に母性愛に関係しています。もう1つは「バソプレッシン」と呼ばれるホルモンで、愛着を高めると同時に、我が子を守り育てようとする父性愛に関係するホルモンです※1。

この2つのホルモンの共通点は、抱擁によって分泌が促《うなが》されること、語りかけをすることで、より安定した分泌が行われること。お母さんは授乳時に赤ちゃんを抱っこしますから、オキシトシンの分泌は促されるのですが、多くの場合、お父さんは赤ちゃんが眠っているときに帰ってきます。赤ちゃんの顔をひと目見て寝てしまう人も少なくないと思いますが、それではバソプレッシンの分泌は促されないのです。バソプレッシンの分泌を促すには、家に帰ったら赤ちゃんのところには行かず、まずシャワーを浴びて体の汚れを落とします。それから赤ちゃんの傍に横たわり、軽く赤ちゃんに触れて表情の変化を眺めるのです。時間にして1分ほどでOK。毎晩行っていると、父性愛を育むことができます。

この愛のホルモンは、赤ちゃんにだけ向けられるものではなく、パートナーにも向けられるものです。赤ちゃんにだけ触れていては、そのホルモンはパートナーには向けられませんので、やはりお互いに触れ合うことが大切です。お父さんも仕事で疲れているでしょう。お母さんも育児に疲れているでしょう。ですが、子育ては2人の愛を育んでこそすばらしいものになります。必ずしも性行為を持たなくてもよいですから、少しゆっくりとハグをして欲しいのです。そうすることで愛のホルモンは赤ちゃんと同時にパートナーにも向けられ、愛ある家族を形成していきます。ホルモンの分泌が十分になると夜泣きが続いたり、看病などで体がきつくなったりしても心が満たされ、母親として、そして父親として幸せを噛みしめることができるようになるのです。

※1 I. D. Neumann, Brain oxytocin: a key regulator of emotional and social behaviours in both females and males. J Neuroendocrinol. 2008 Jun;20(6)

第4章

パーツ別
産後ボディメイキング

時間帯に合わせて、すべてのストレッチを行ってください。毎日すると、お尻がきゅっと上がって小さくなり、ウエストのくびれもできてきます！

お腹のたるみを引き締める❶

お腹を引き締める

お腹を引き締めるためには、学生時代に行っていたような反動をつけながら行う腹筋運動は不向きです。場合によっては腰を痛める可能性もあります。少し大変ですが、ゆっくりとした動作の方がお腹の引き締め効果は高まります。

おすすめ時間
お昼
午前11時～午後3時頃

1 仰向けに寝て左足を開いて立てる

仰向けになり、左足を30度に開いてひざを立てます。

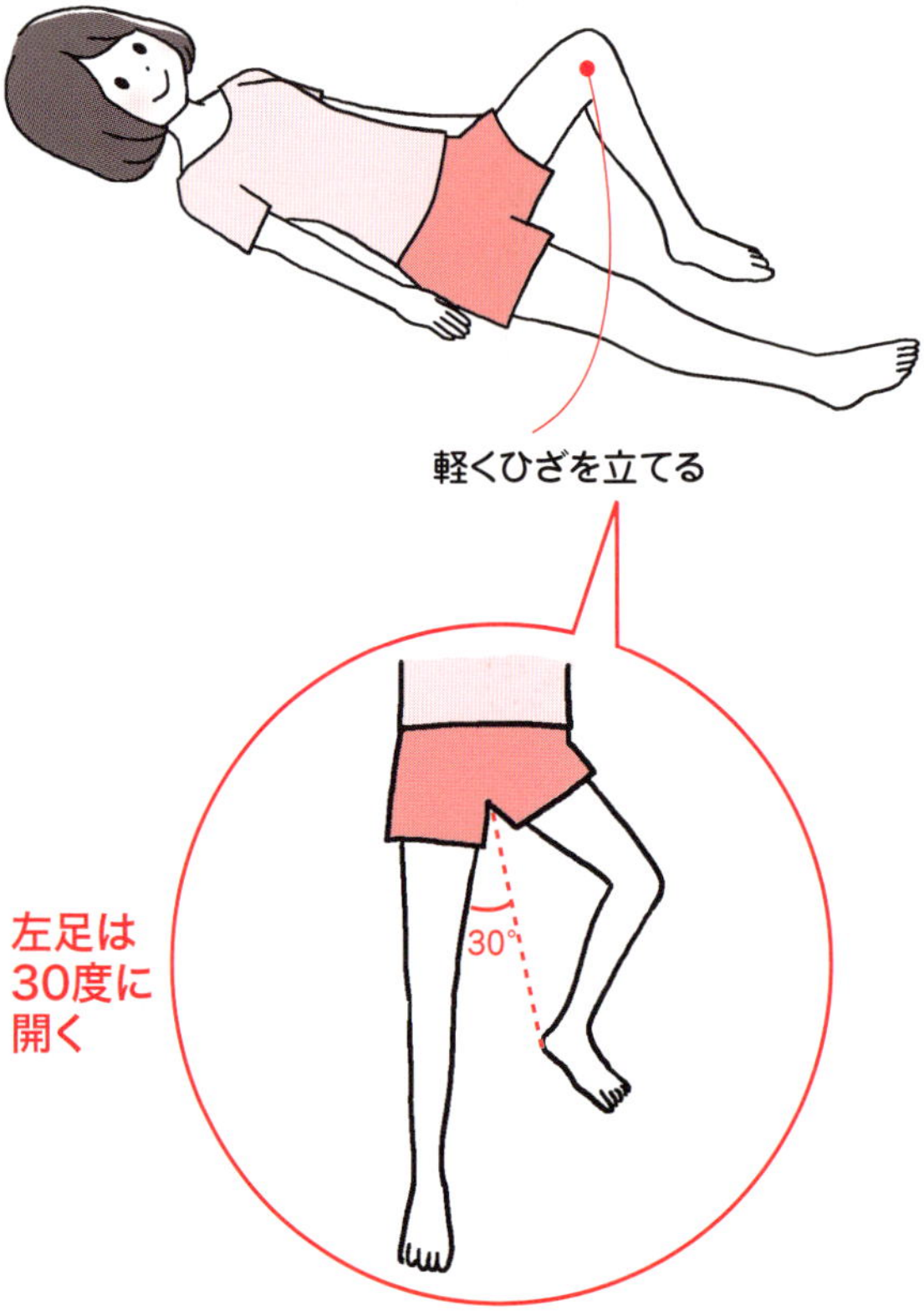

2　右手で左足首に触れる

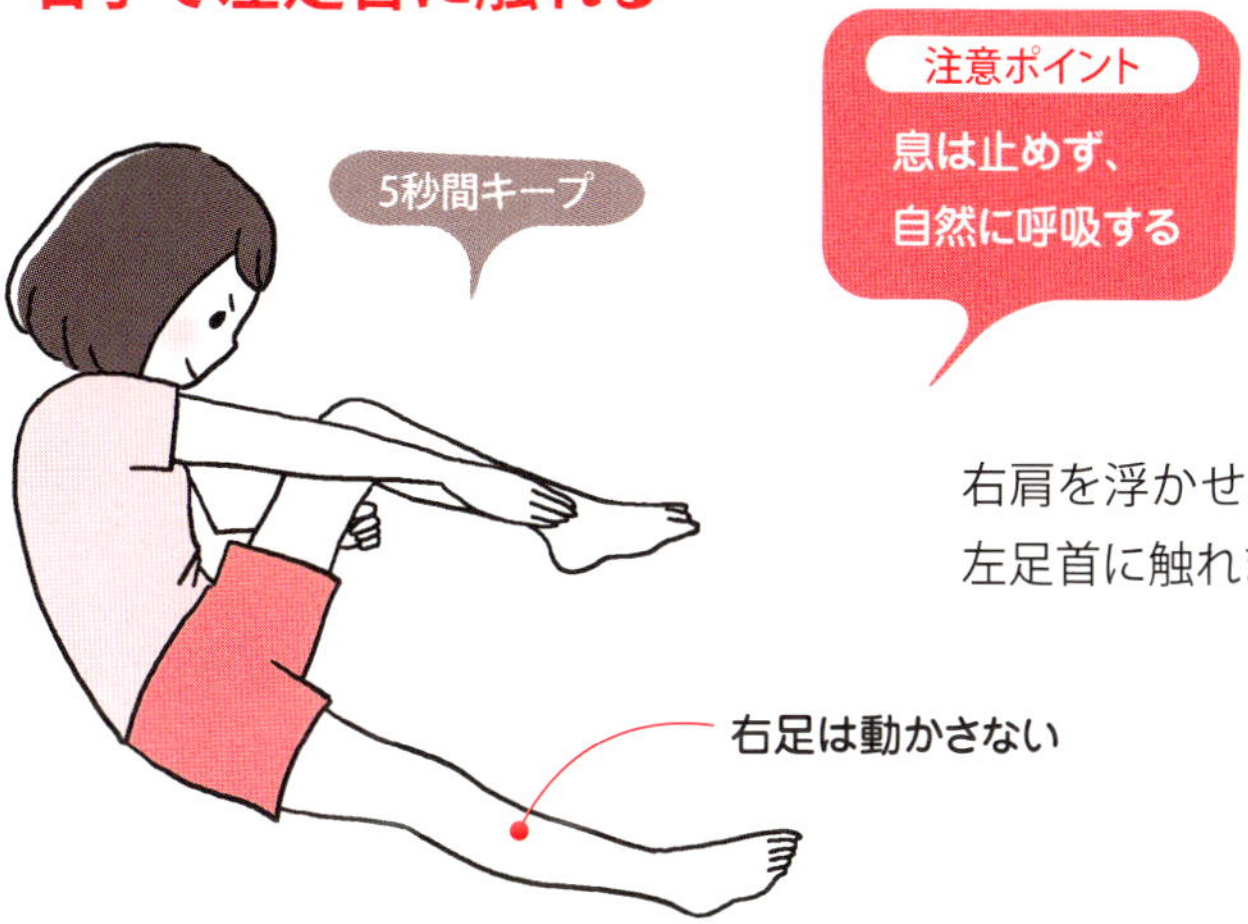
5秒間キープ
注意ポイント
息は止めず、
自然に呼吸する
右足は動かさない

右肩を浮かせ、右手で左足首に触れます。

3　反対側も同じように行う

仰向けの姿勢に戻し、今度は右足を30度に開いてひざを立て、左肩を浮かせて左手で右足首に触れます。

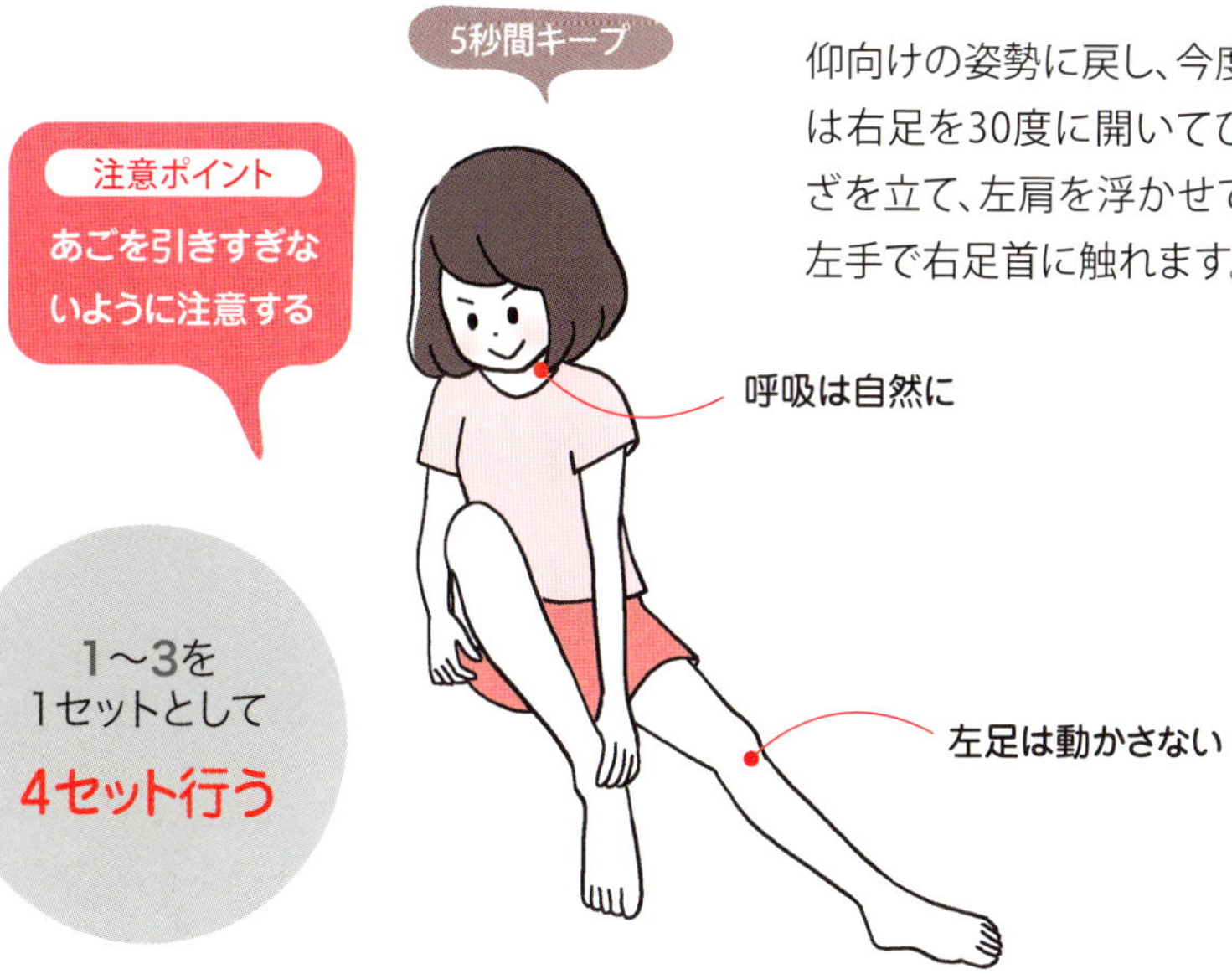
5秒間キープ
注意ポイント
あごを引きすぎないように注意する
呼吸は自然に
左足は動かさない

1～3を
1セットとして
4セット行う

お腹のたるみを引き締める❷

1 仰向けに寝て、左足を開いて立てる

仰向けになり、左脚を30度に開いてひざを立てます。

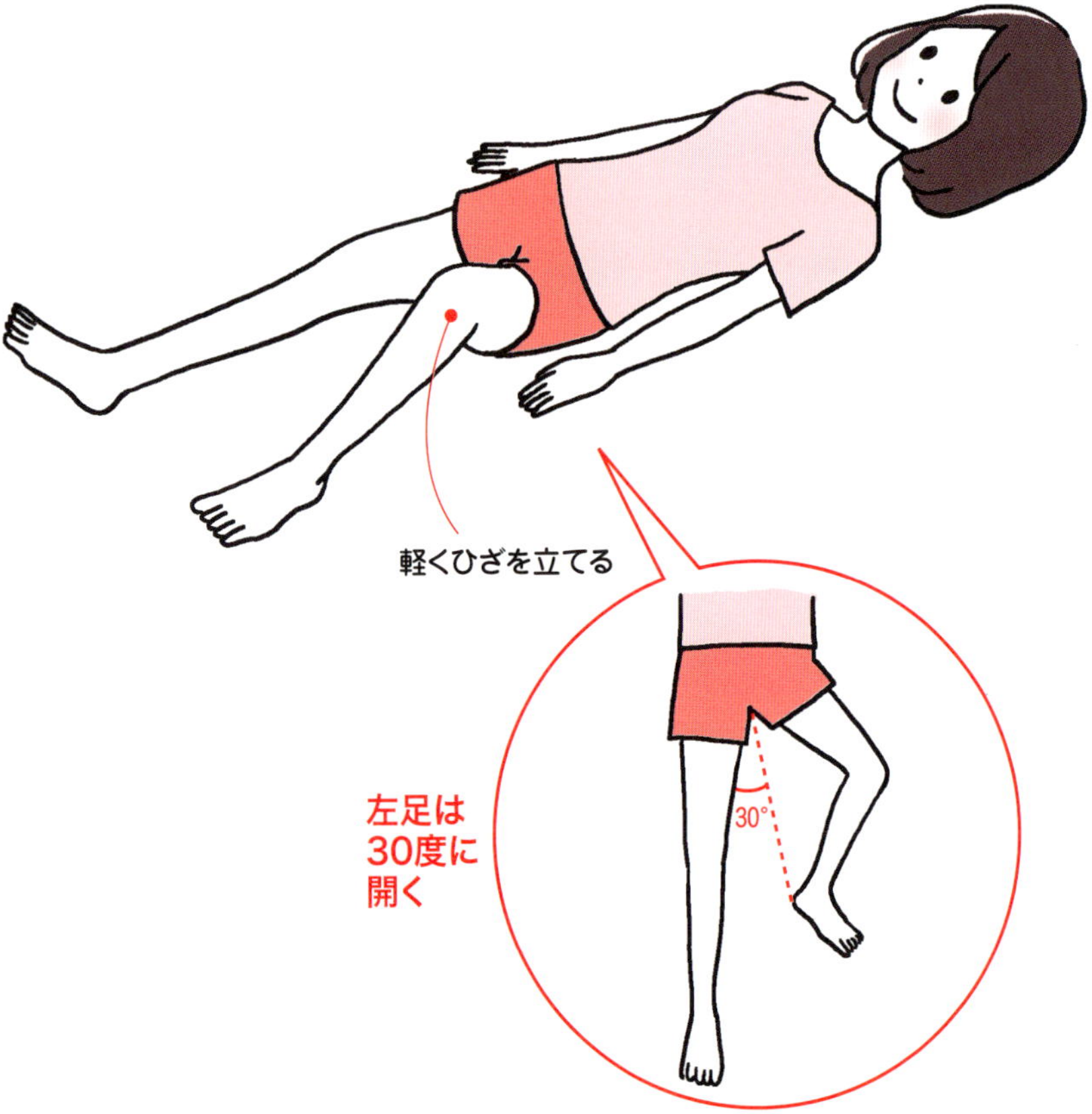

2　右ひじと左ひざを近づける

右肩を浮かせて、右ひじと左ひざをゆっくりつけ、5秒間キープします。

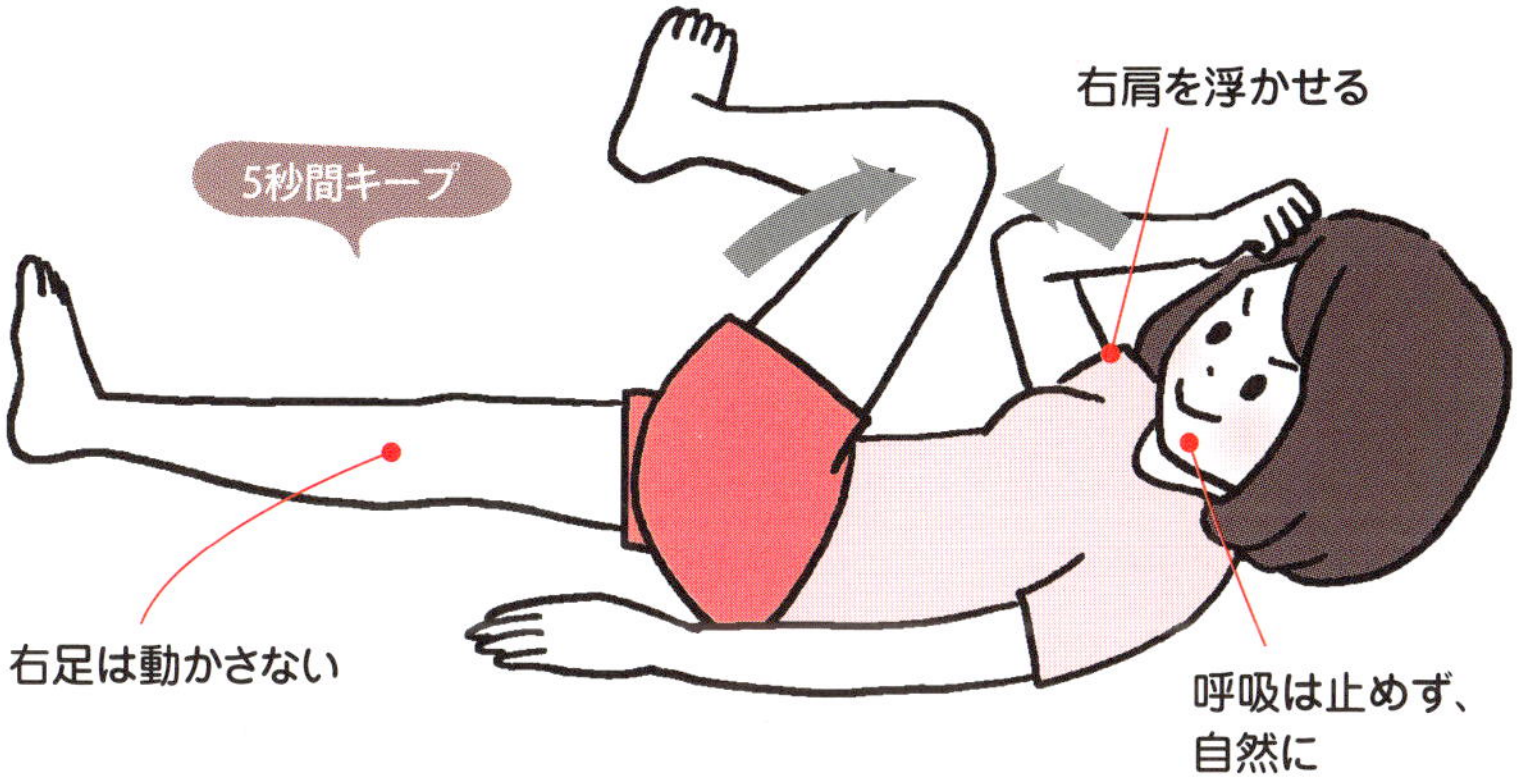

3　反対側も同じように行う

仰向けの姿勢に戻し、今度は右足を30度に開いて、ひざを立てます。左肩を浮かせて、左ひじと右ひざをゆっくりつけ、5秒間キープします。

注意ポイント
使用する筋肉が異なるので、両側とも行うのがベスト

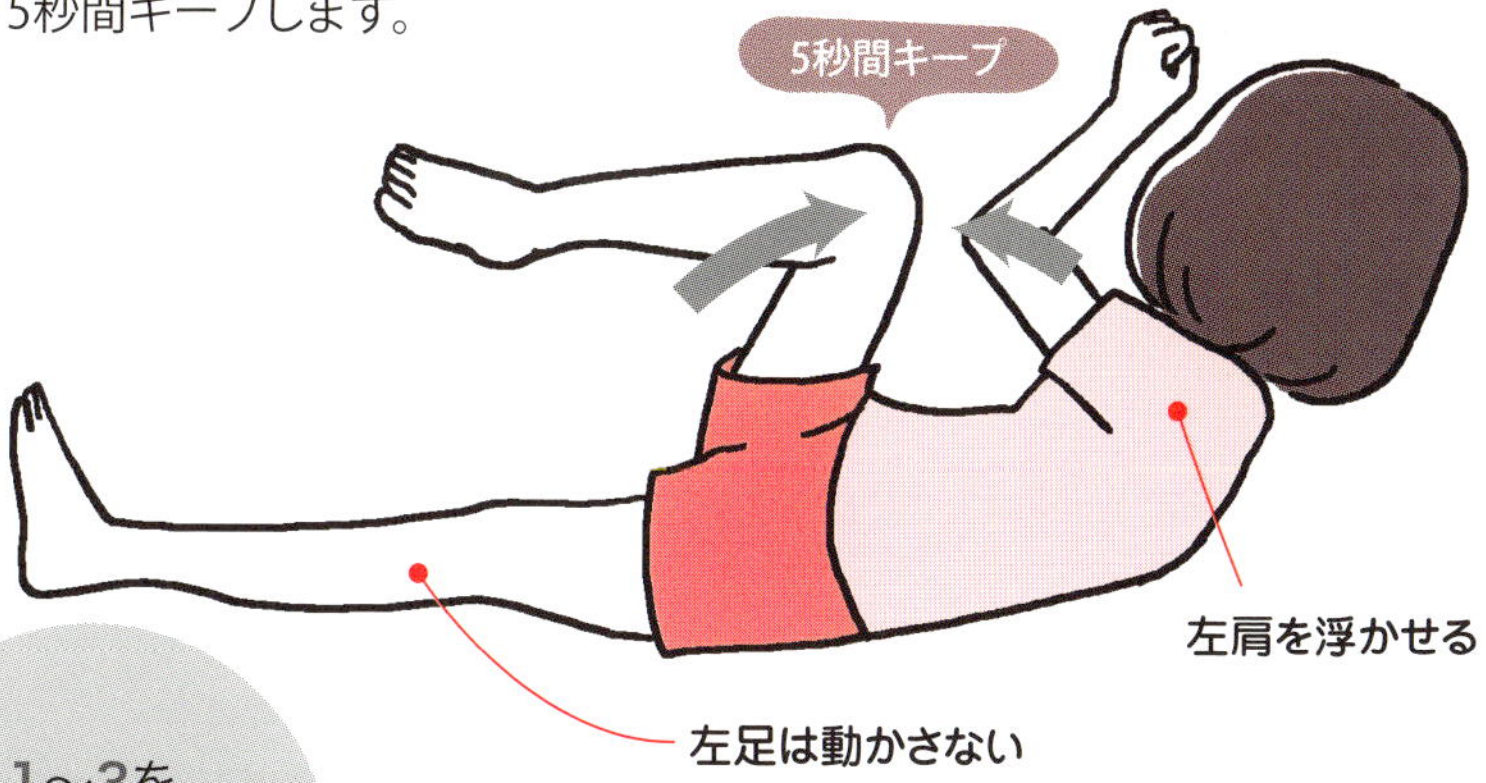

1～3を
1セットとして
4セット行う

下腹部のポッコリを引っ込める

1 足は肩幅に開く

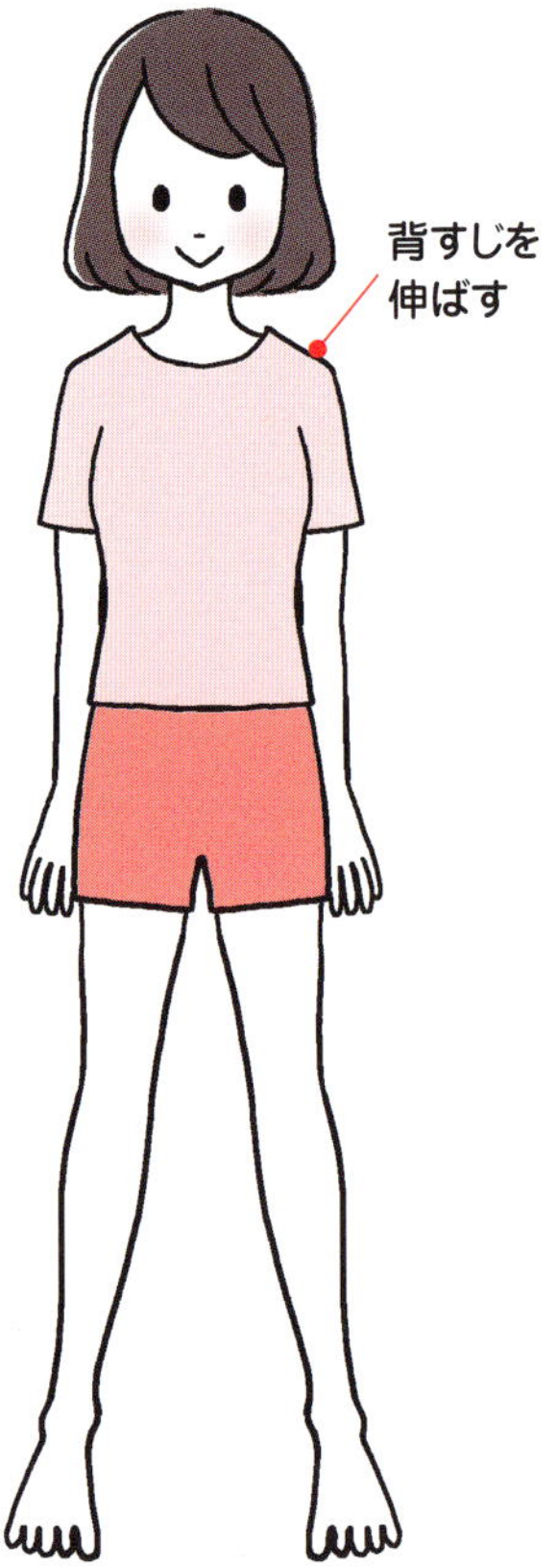

足を肩幅に開いて立ちます。

2 両手を頭の上で合わせる

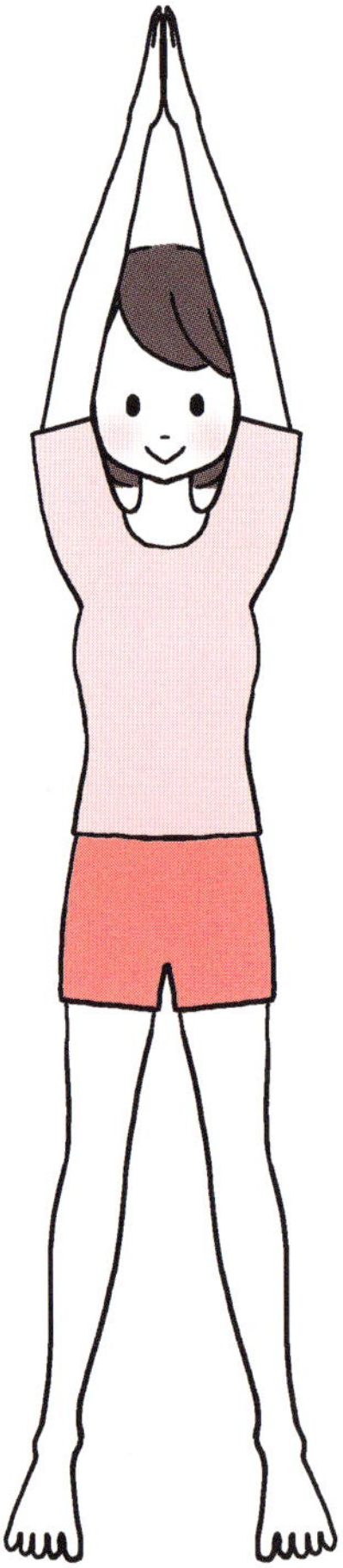

両手を頭の上で合わせて、
ひじを伸ばします。

注意ポイント

「重心を高くするストレッチ」(P70)とは異なり、両手を頭の上に伸ばす際は肩も上げるようにする

3 下腹部を引き上げて胸郭を広げる

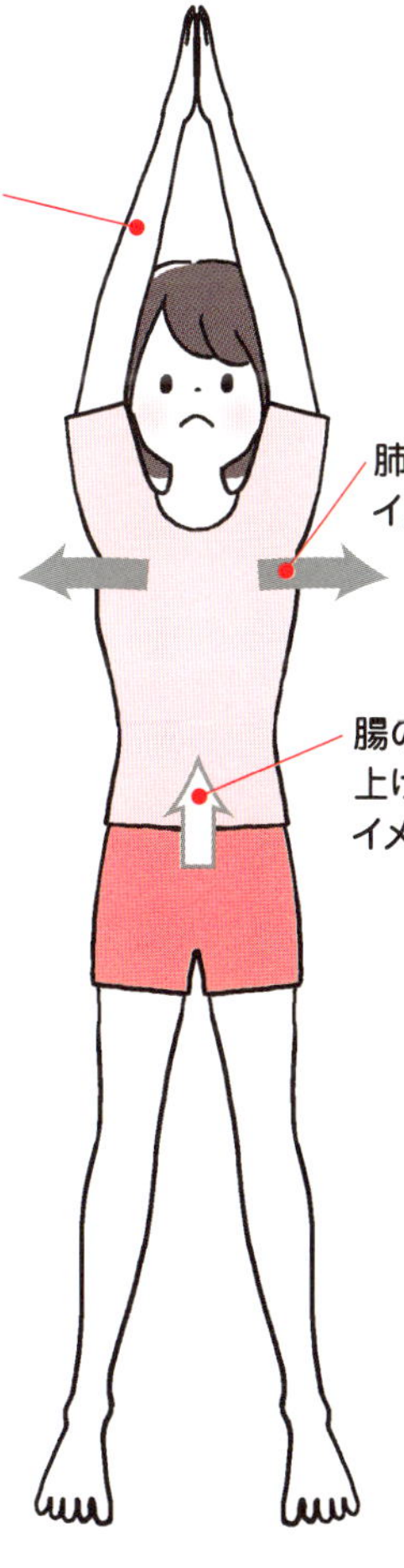
ひじは
伸ばしたまま
肺を広げる
イメージ
腸の位置を
上げる
イメージ

下腹部をできるだけ引き上げて、胸郭を広げます。胸を張らないように注意します。

4 上半身で伸びをする

10秒間
キープ

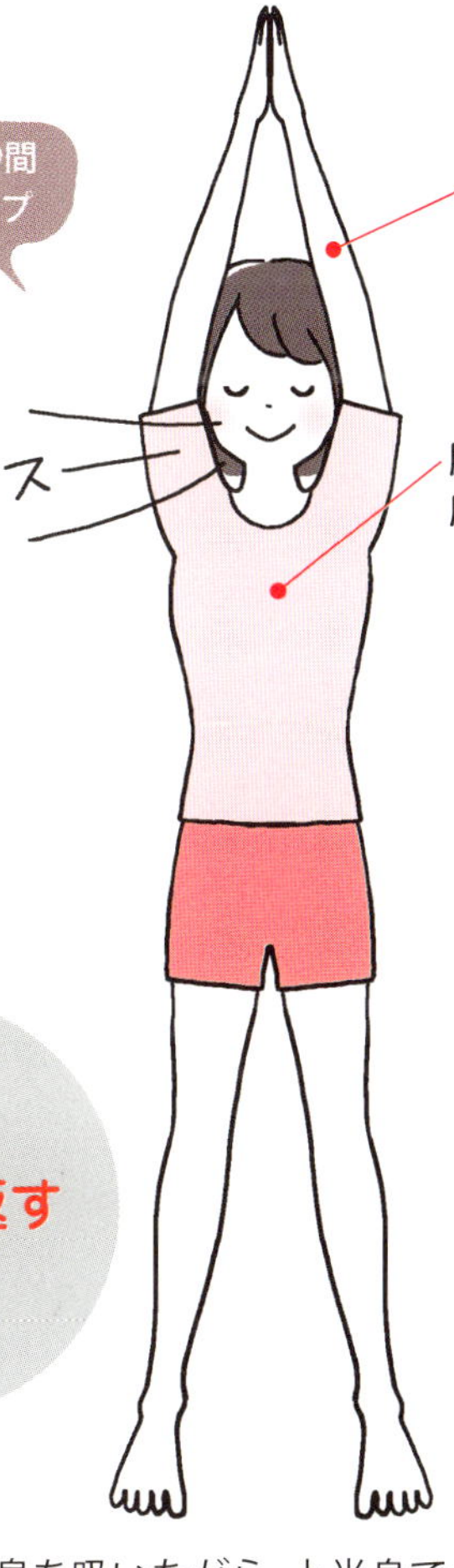
ス
胸郭は
広げたまま

鼻から息を吸いながら、上半身で伸びをするようにします。10秒間キープしたら、息を吐き出します。

4回繰り返す

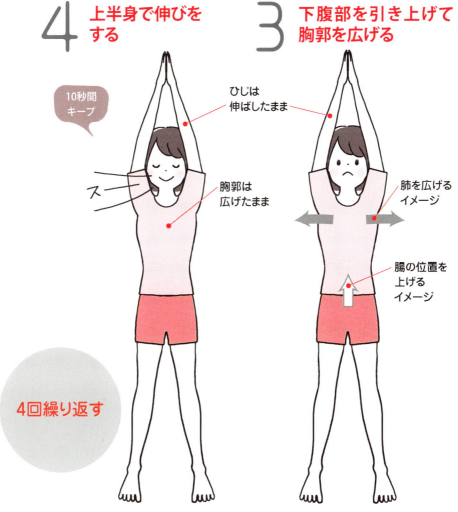

横隔膜を刺激して
内臓を正しい位置に
引き上げる

1 正座をする

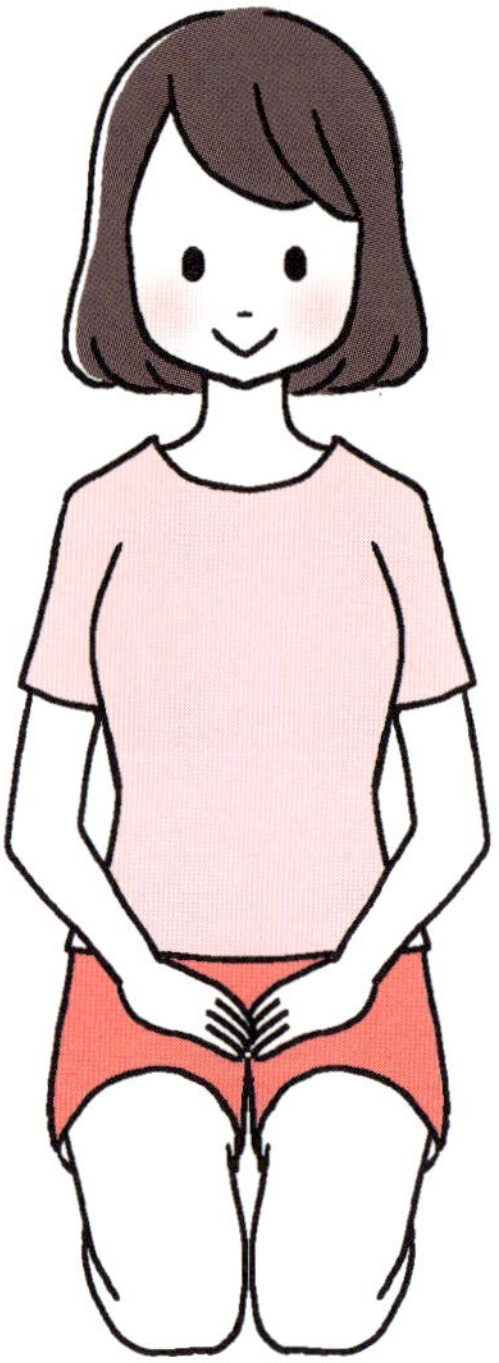

正座をします。

2 下腹部を引き上げて胸郭を広げる

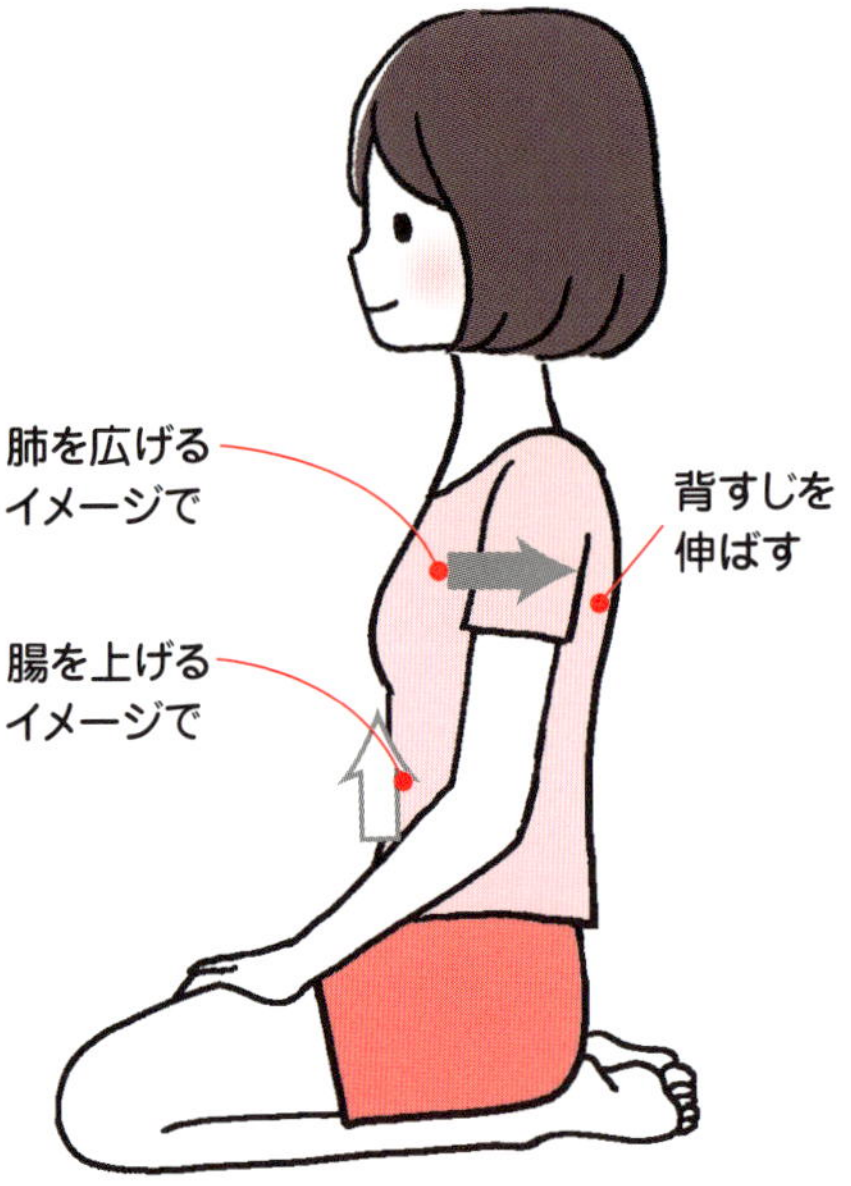
肺を広げる
イメージで
背すじを
伸ばす
腸を上げる
イメージで

頭を上に引っ張られるように意識しながら、胸郭を広げます。

食後すぐには行わず、
1時間以上は
あけるようにしてください

3 肋骨に沿ってお腹を持ち上げる

持ち上げる場所はココ。
肋骨を押さえないように！

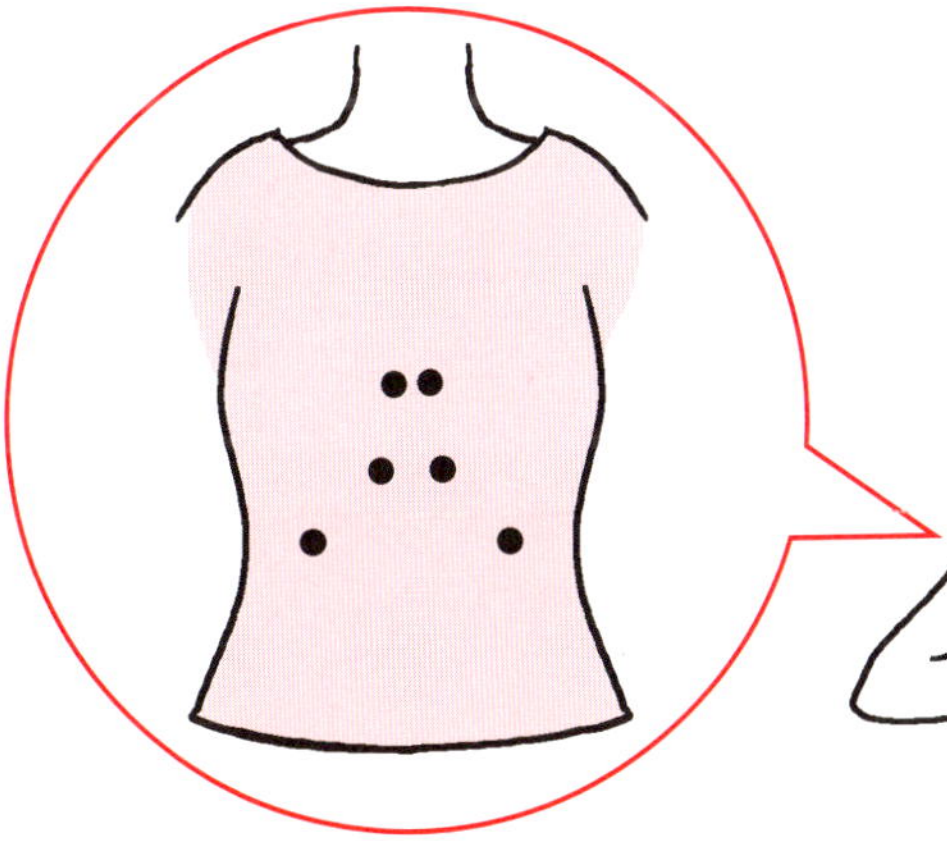

左右ともみぞおちから脇腹の手前までの3か所を1か所ずつ持ち上げます。

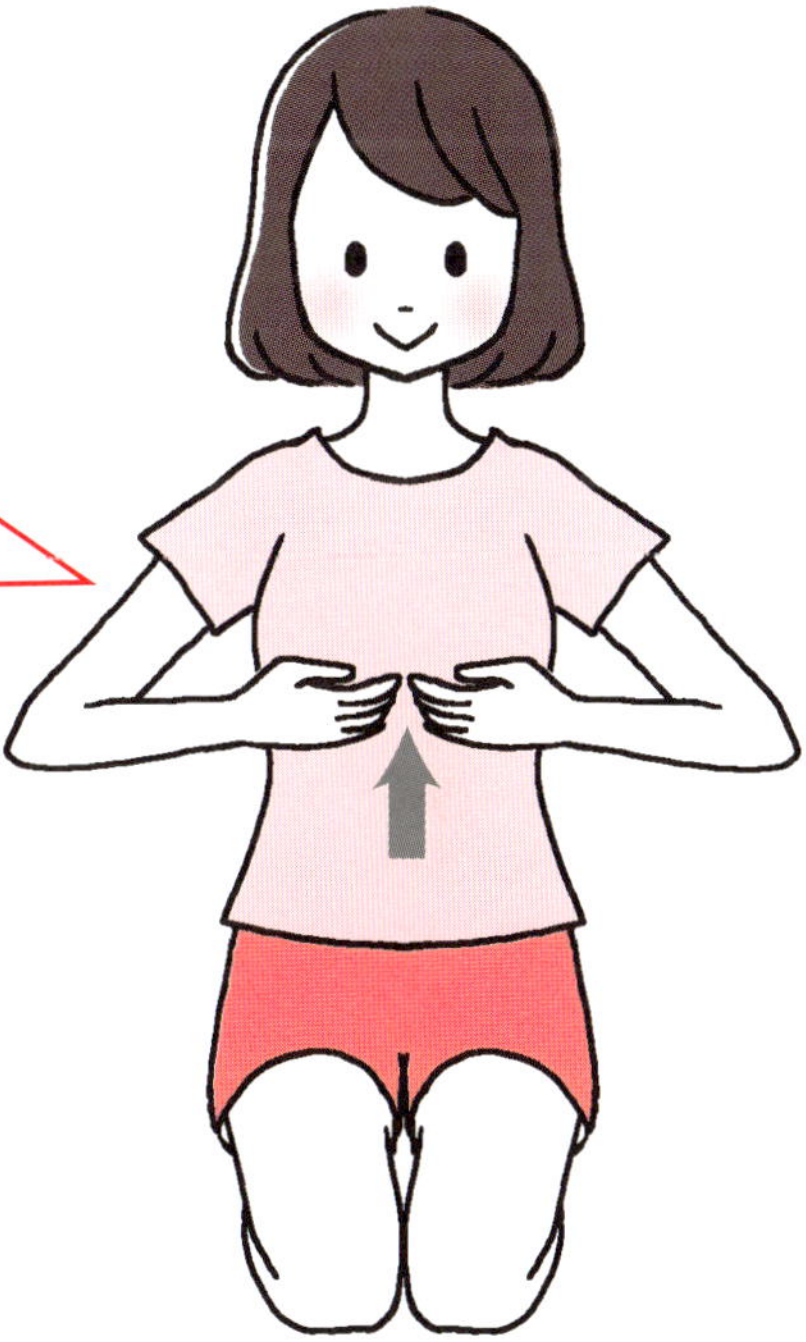

両手とも、親指以外の4本の指を揃え、指全体でみぞおちから脇腹の手前まで肋骨に沿った3か所を1か所ずつ持ち上げます。

2〜3を
1セットとして
2セット行う

ウエストを引き締めて
くびれを回復❶

1 両手・両足を広げて立つ

肩幅の1.5倍に足を広げて立ちます。両手を左右に大きく広げ、指先までしっかりと伸ばします。

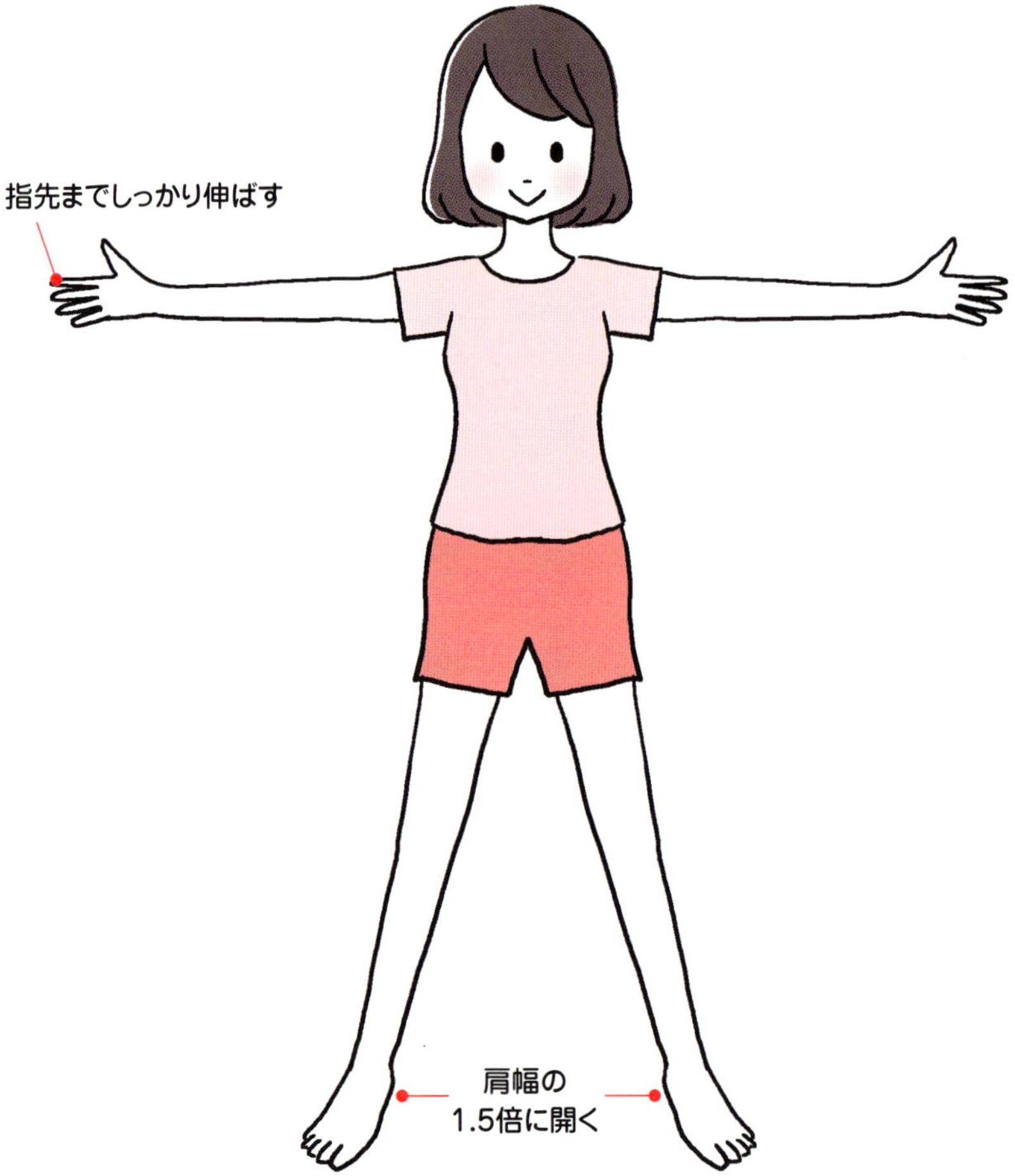
指先までしっかり伸ばす
肩幅の
1.5倍に開く

2　上半身をゆっくり左にひねる

上半身を軽く伸びをする感じで、ゆっくりと左にひねります。10秒間キープし、一度体の力をゆっくり抜きます。

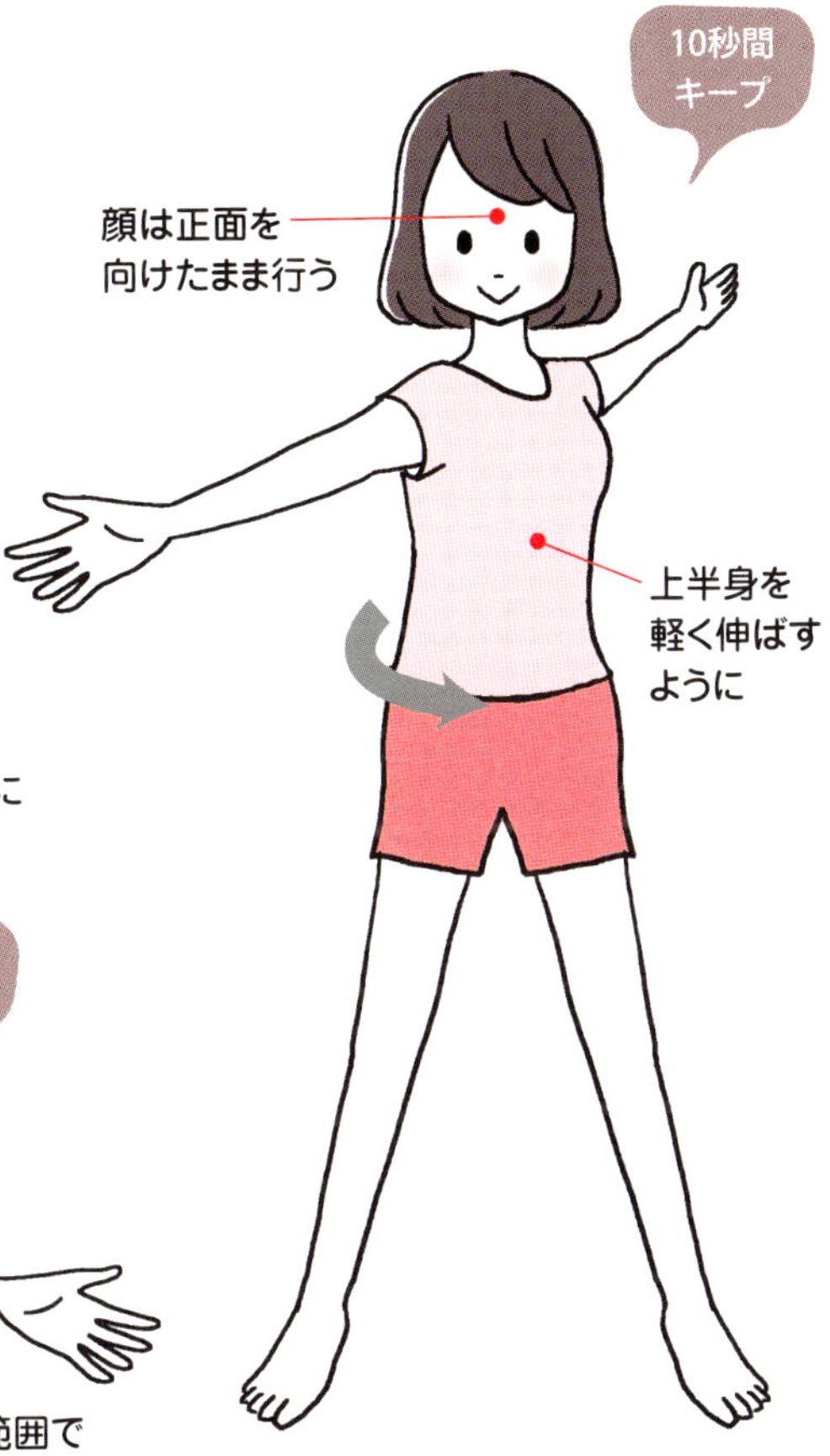

3　ゆっくりと反対側にひねる

左に十分ひねったら、右もゆっくりと、十分にひねります。

左右
1セットとして
5セット行う

ウエストを引き締めて
くびれを回復❷

1 足は肩幅に開く

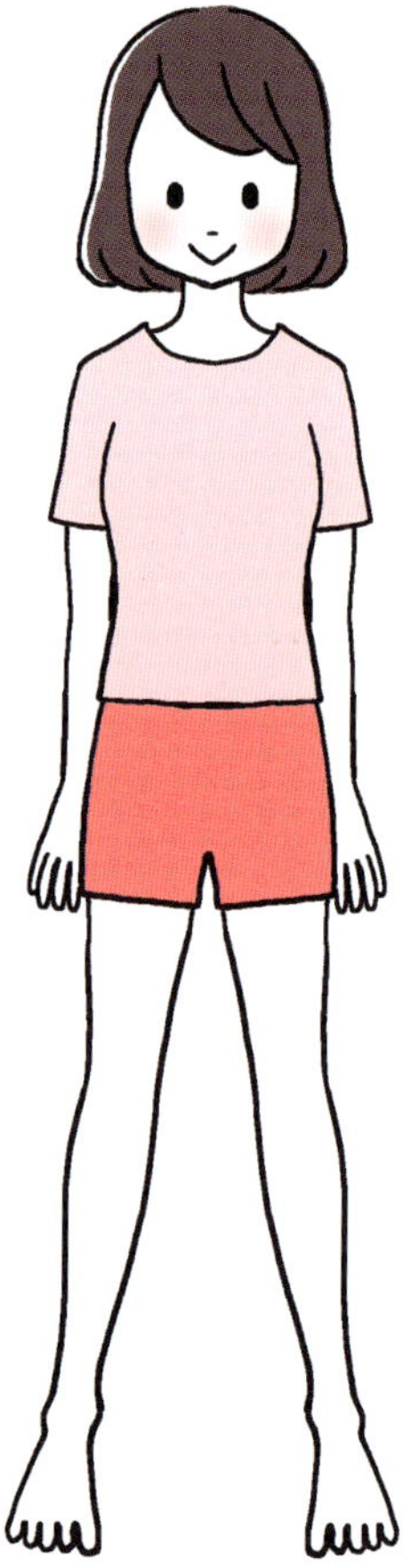

足を肩幅に開いて立ちます。

2 右ひざを上げ、左手はこぶしを作り、伸ばす

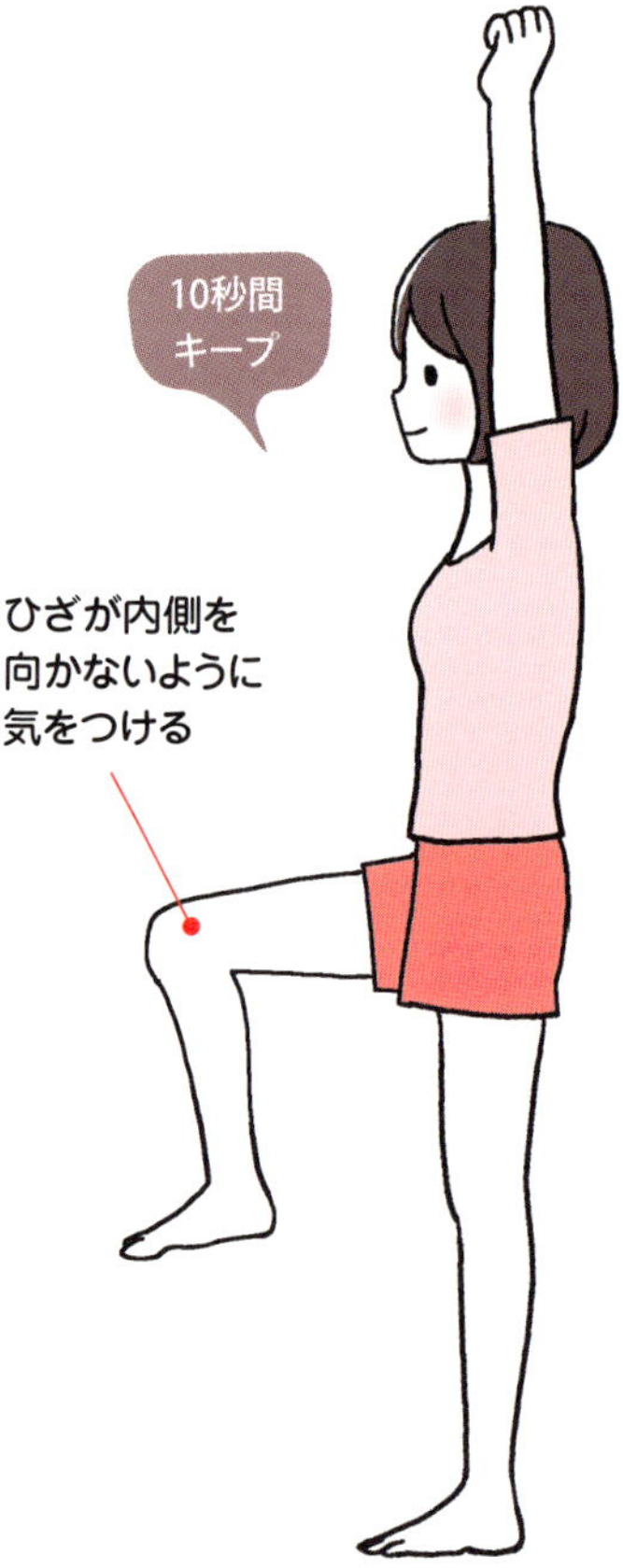
10秒間
キープ
ひざが内側を向かないように気をつける

右ひざを腰の位置まで持ち上げながら、右手はそのままに、左手はこぶしを握り、頭の上に伸ばします。

反動をつけずに
ゆっくり行うと、
効果抜群です！

3 反対側も同様に行う

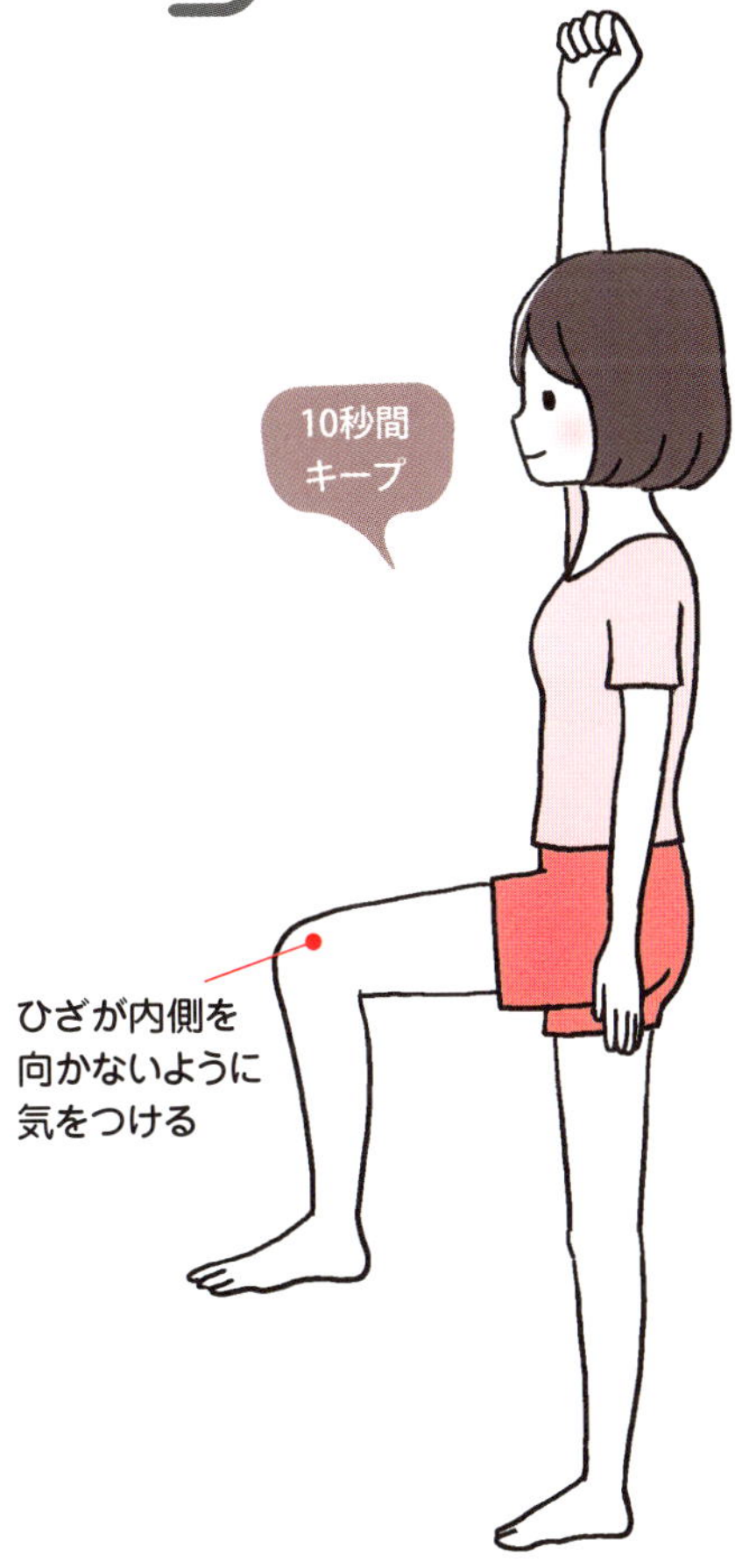
10秒間
キープ
ひざが内側を
向かないように
気をつける

十分に腕を伸ばしたら手足をゆっくり下ろし、反対側も同様に行います。

2〜3を
1セットとして
5セット行う

産後の巨尻から小尻へ

妊娠中は、赤ちゃんを宿すために骨盤が開いています。それを正しく締めないで運動を始めてしまうと、お尻は更に大きくなってしまいます。

おすすめ時間
お昼
午前11時～午後3時頃

骨盤の広がりを引き締める❶

1 うつ伏せになる

うつ伏せになり、両足を揃えます。

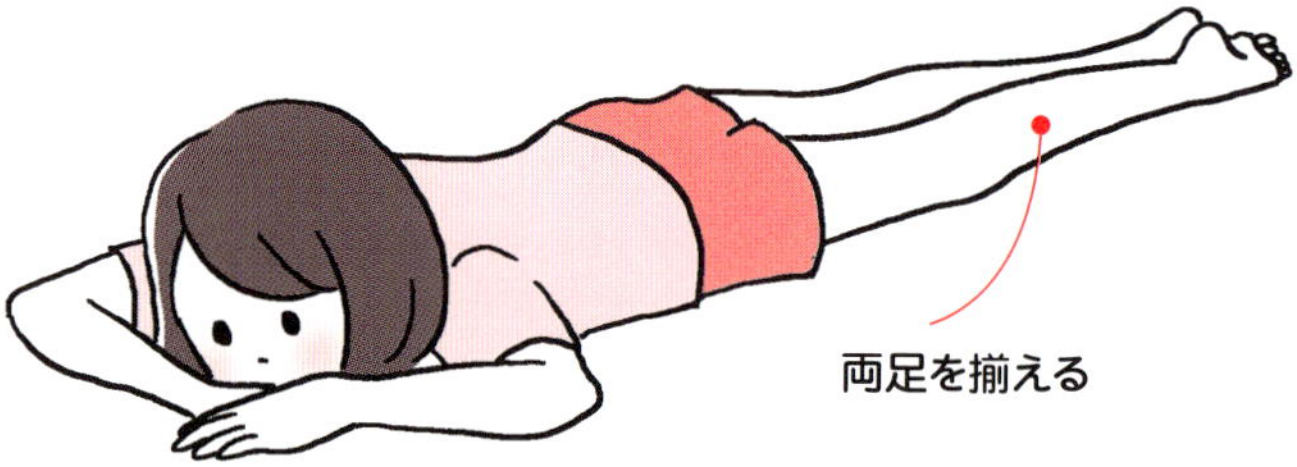
両足を揃える

2 両ひじをついて上半身を起こす

両ひじをついて、上半身を起こします。

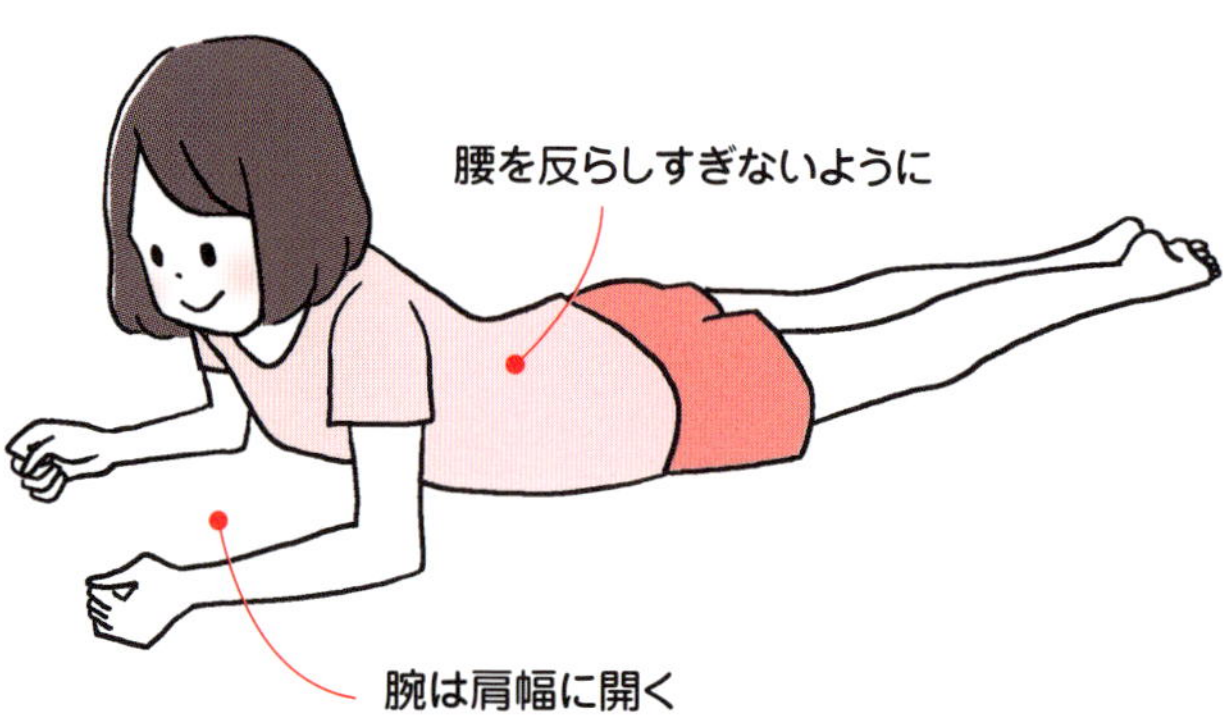
腰を反らしすぎないように
腕は肩幅に開く

3 左右のふくらはぎをくっつける

ふくらはぎをつけるように意識して力を入れます。

注意ポイント
ふくらはぎの力を抜いて行うと、腰に負担がかかる

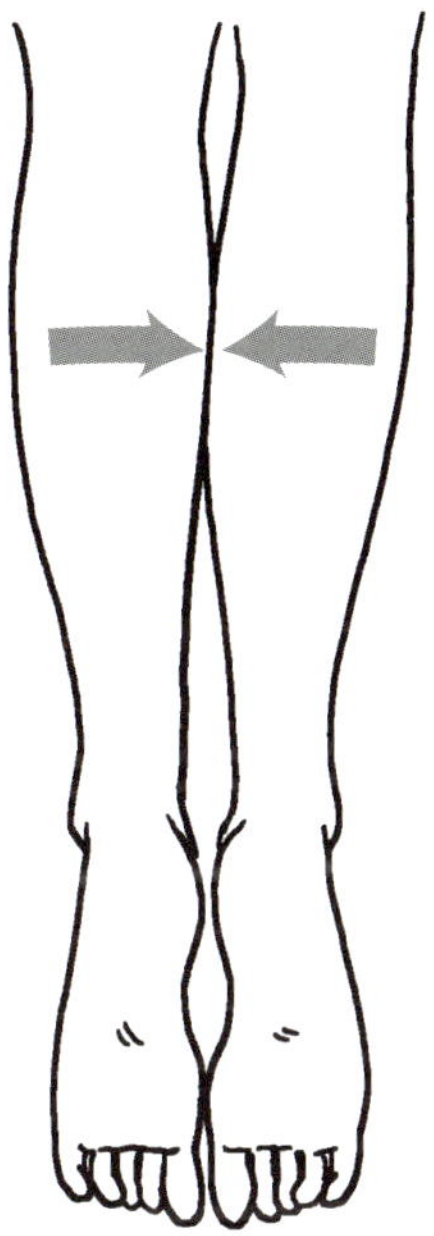

4 肛門をキュッと締める

肛門を引き締めつつ、お尻全体にも力を入れます。10秒間キープしたら、ゆっくりと力を抜きます。

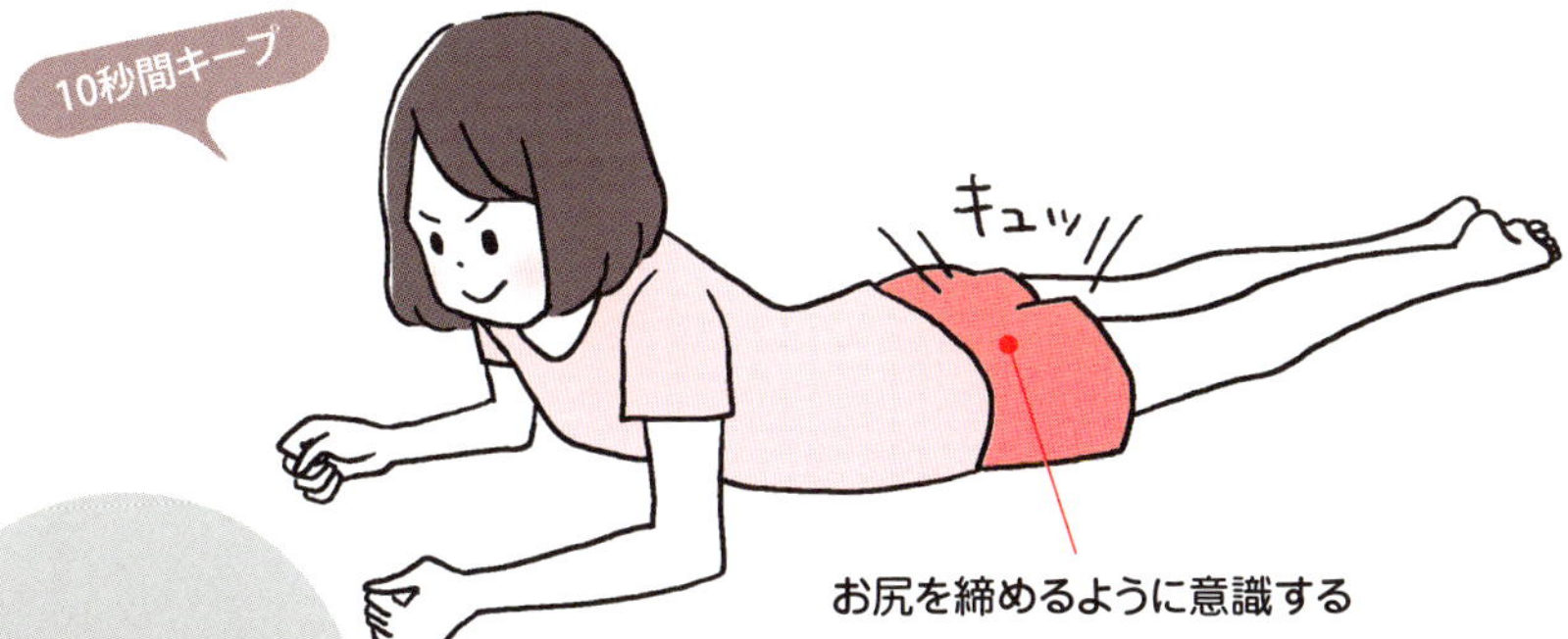

6回繰り返す

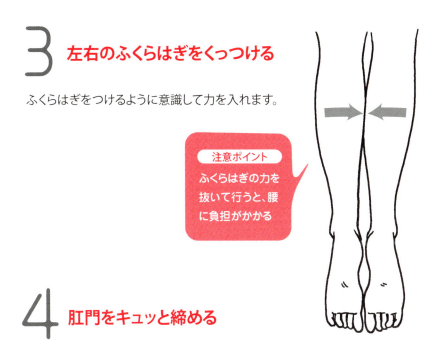

骨盤の広がりを引き締める❷

注意ポイント

恥骨が痛む人はやるのを控える

1 足を前後に1歩分あけて立つ

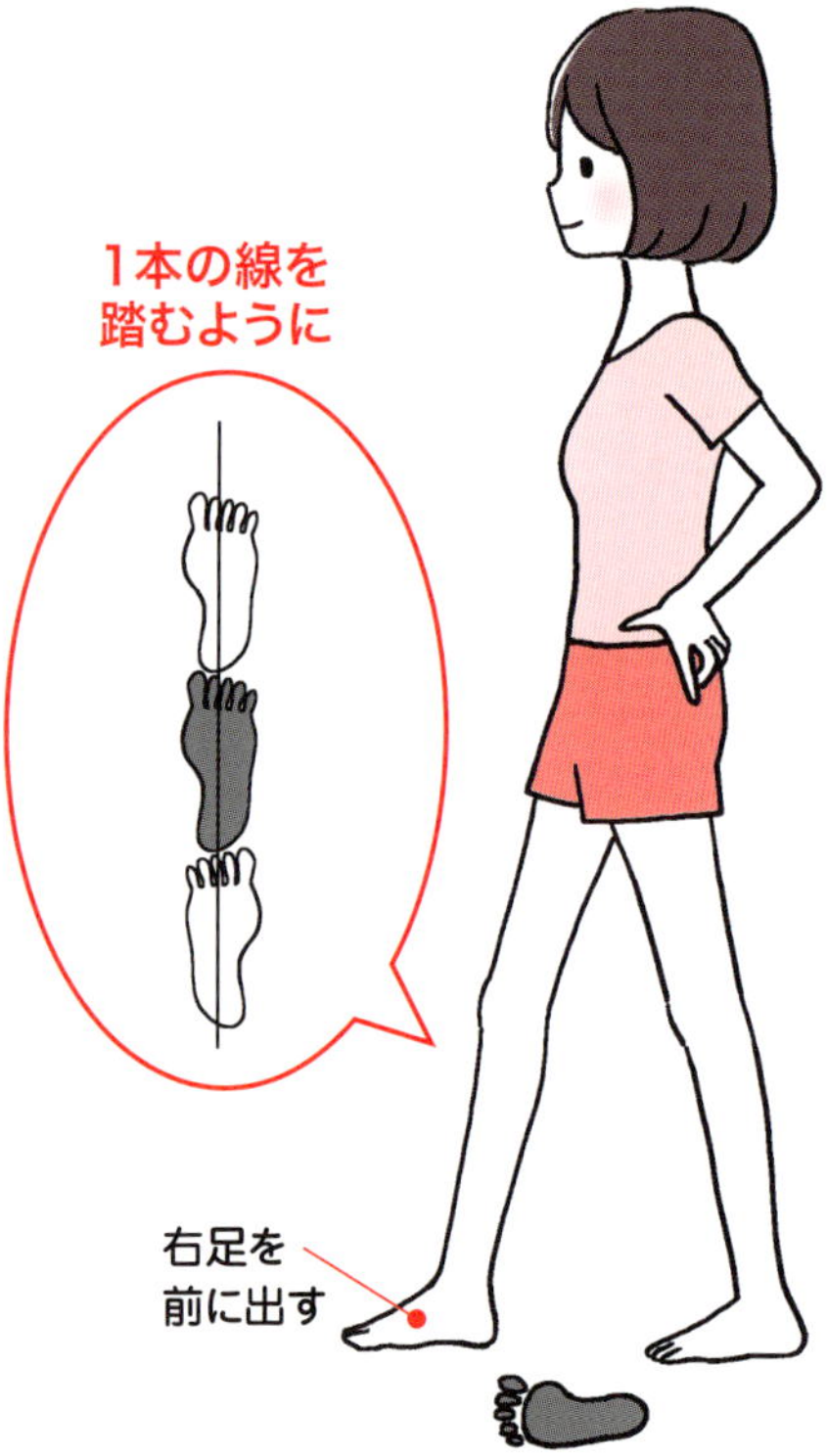
1本の線を
踏むように
右足を
前に出す

両手を腰に添え、1本の線を踏むように、足を前後に1歩分あけて立ちます。

2 恥骨を前に出す

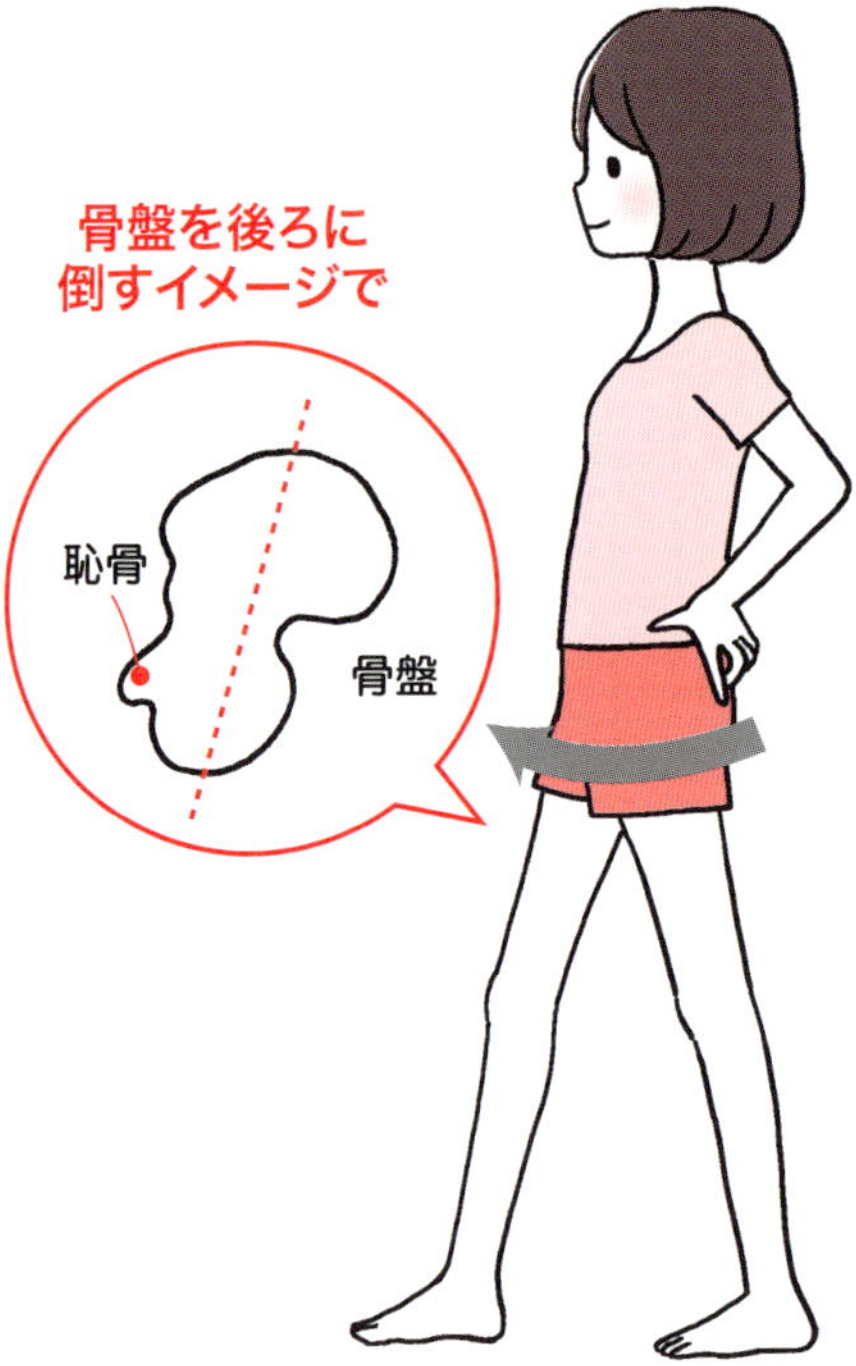
骨盤を後ろに
倒すイメージで
恥骨
骨盤

恥骨を前に出すようにします（お尻に力が入ります）。

3　前後の太ももを寄せるように力を入れる

お尻の力が抜けないようにして、前後の太ももを寄せるように力を入れます。この状態で10秒間キープします。

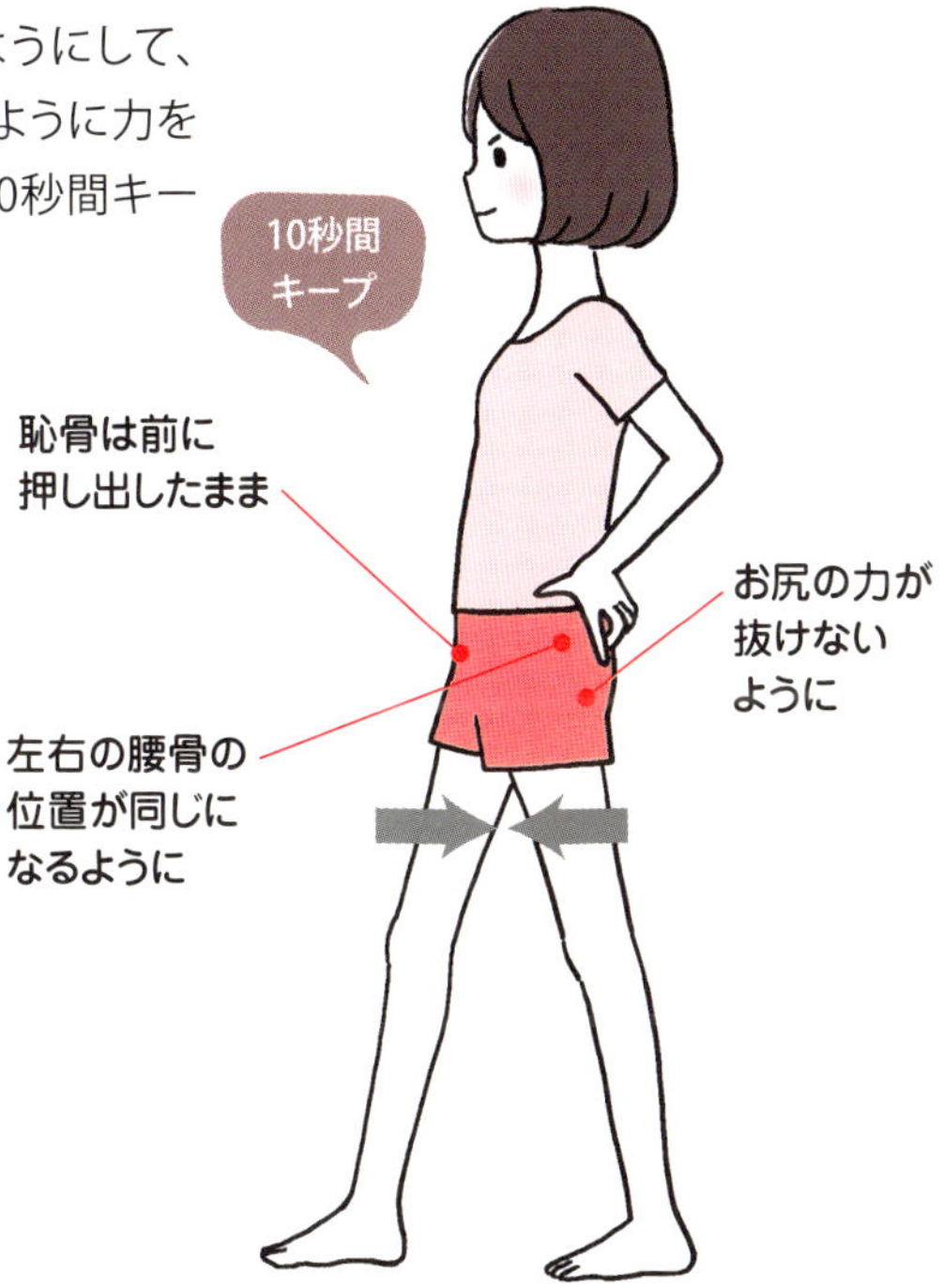
10秒間
キープ
恥骨は前に
押し出したまま
お尻の力が
抜けない
ように
左右の腰骨の
位置が同じに
なるように

4　反対側も同様に行う

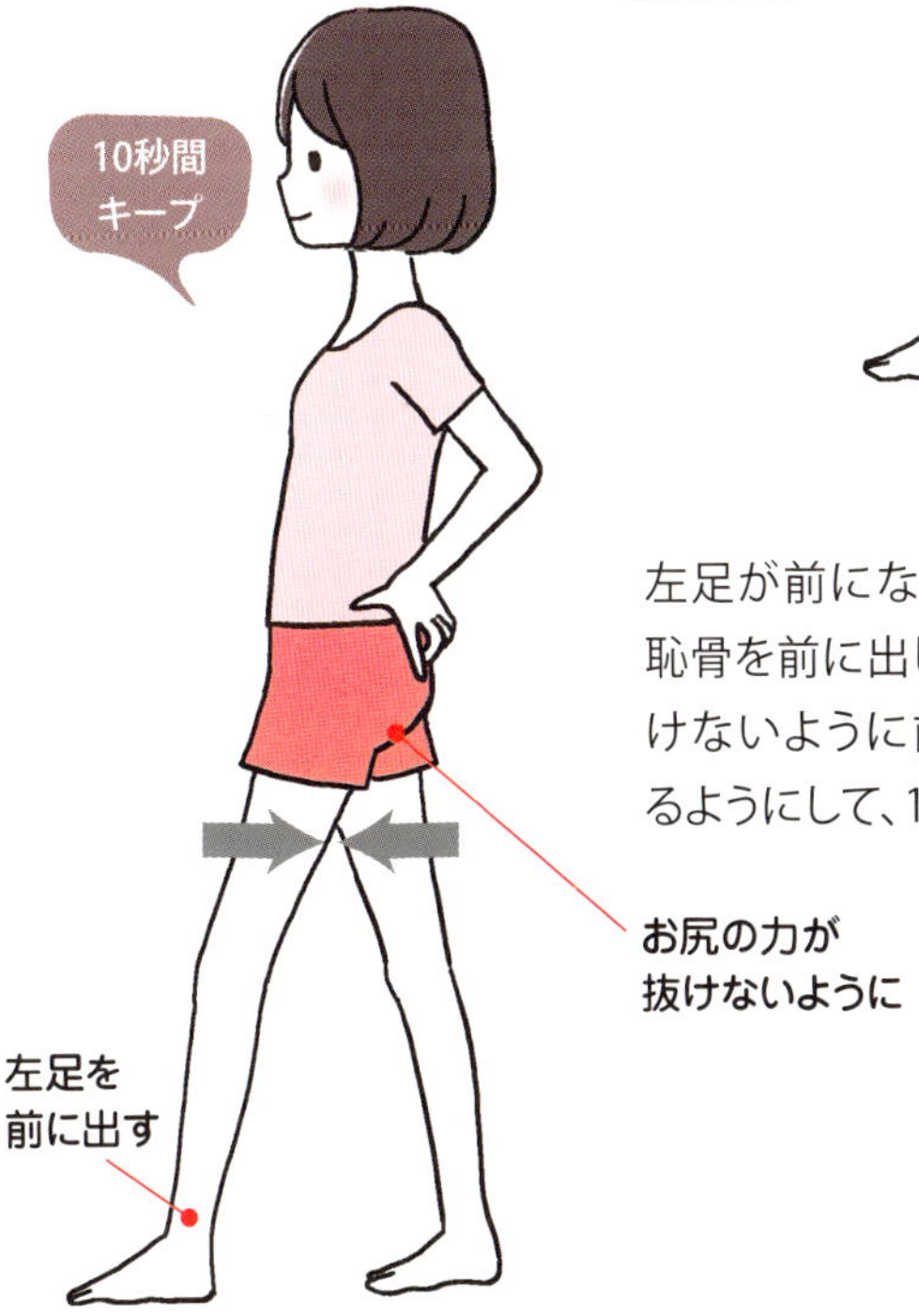
10秒間
キープ
お尻の力が
抜けないように
左足を
前に出す

左足が前になるように1歩分あけ、恥骨を前に出します。お尻の力が抜けないように前後の太ももを寄せるようにして、10秒間キープします。

左右5回ずつ繰り返す

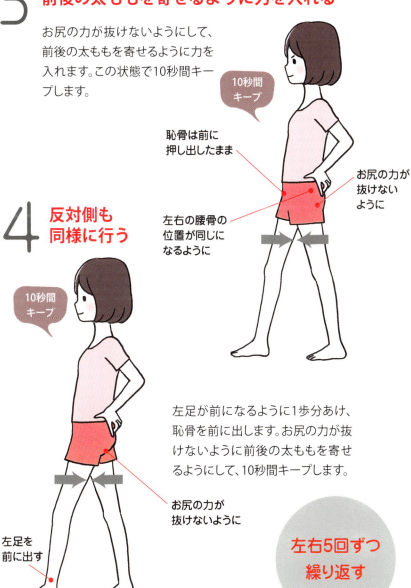

骨盤が立てられるようにする（子宮体操）

1 足は肩幅に開く

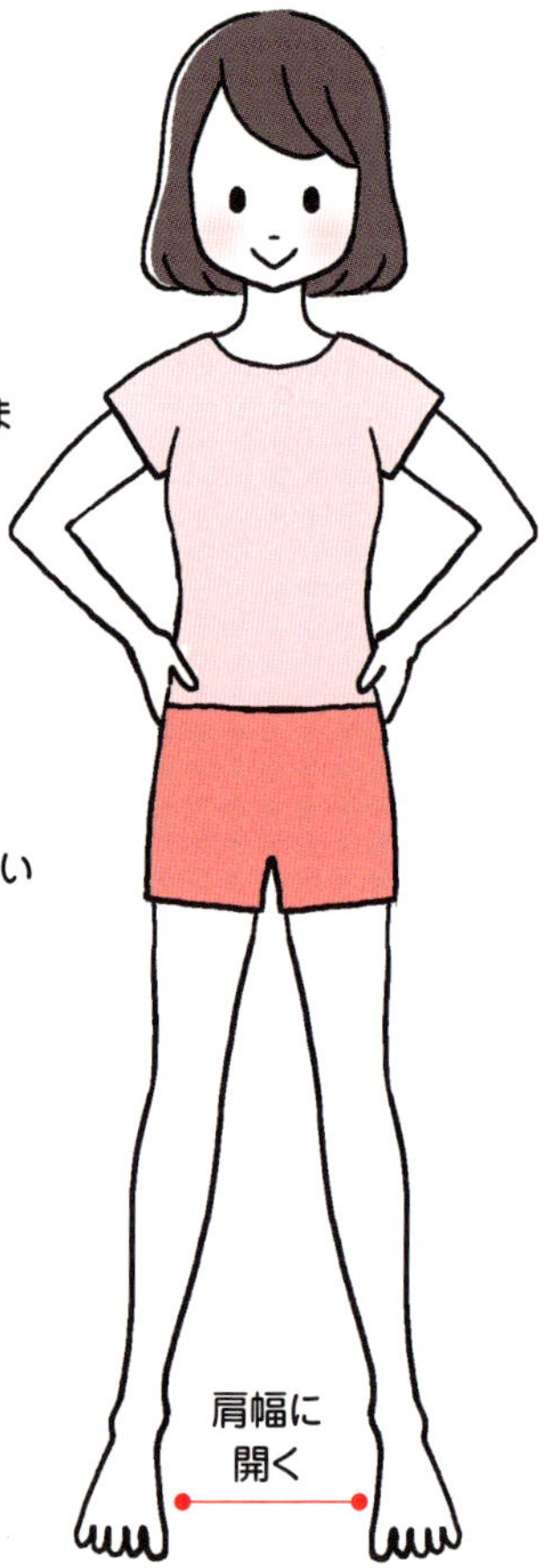

肩幅に
開く

両手を腰に添えて、足は肩幅に開いて立ちます。

2 ゆっくりと恥骨を前に出す

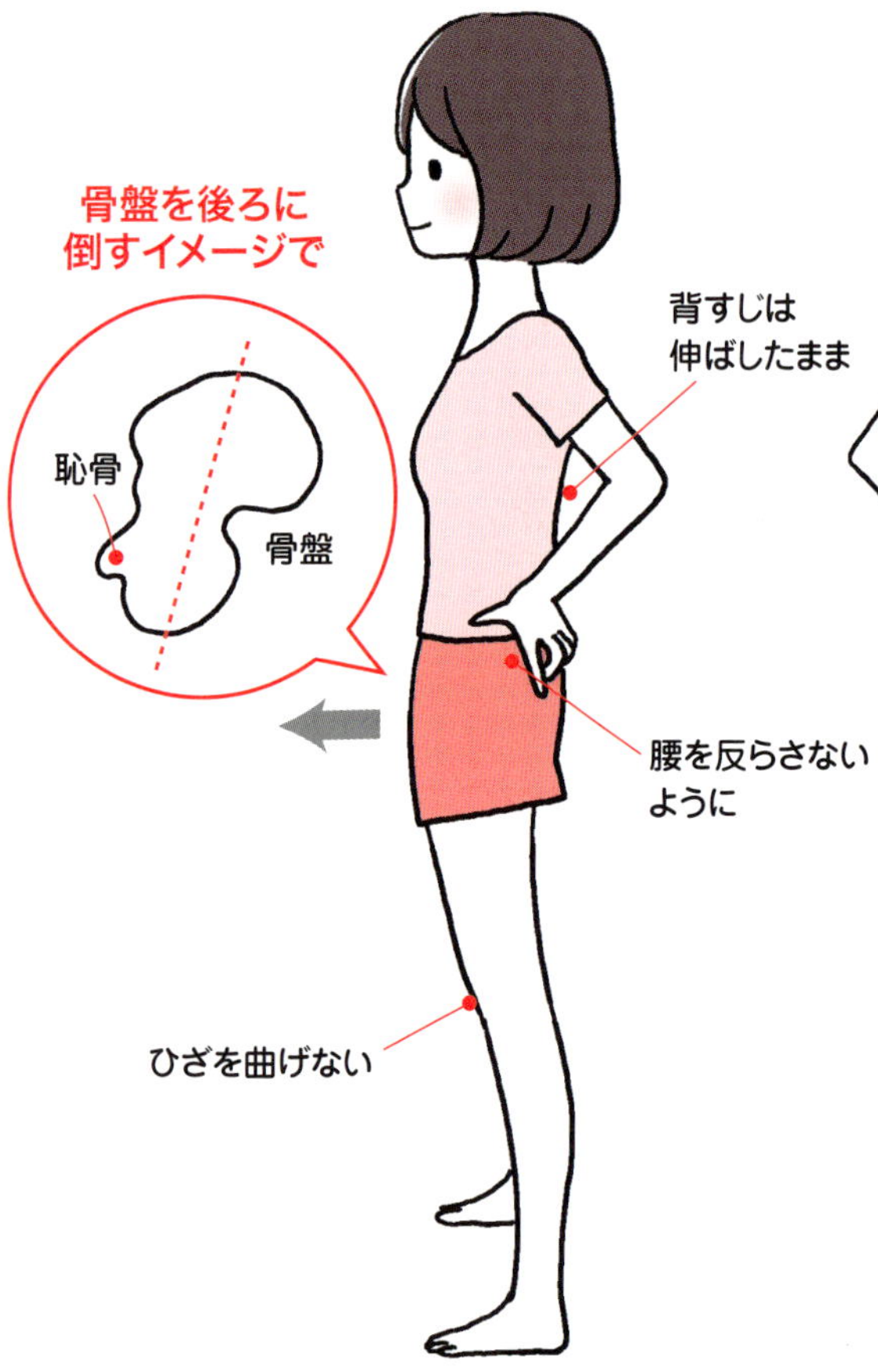

骨盤を後ろに
倒すイメージで
恥骨
骨盤
背すじは
伸ばしたまま
腰を反らさない
ように
ひざを曲げない

恥骨をゆっくりと前に出します。

4 ゆっくりとお尻を後ろに突き出す

骨盤を前に倒すイメージで

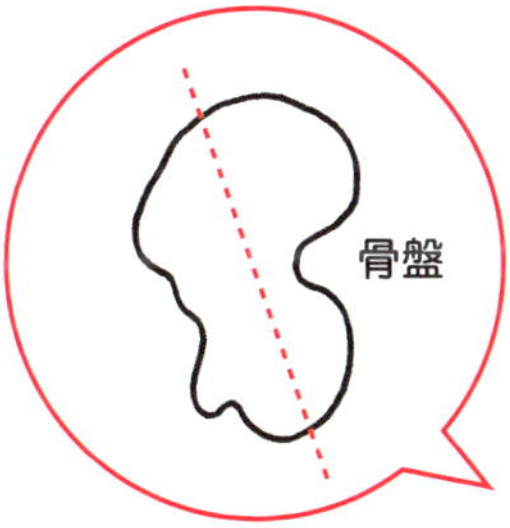

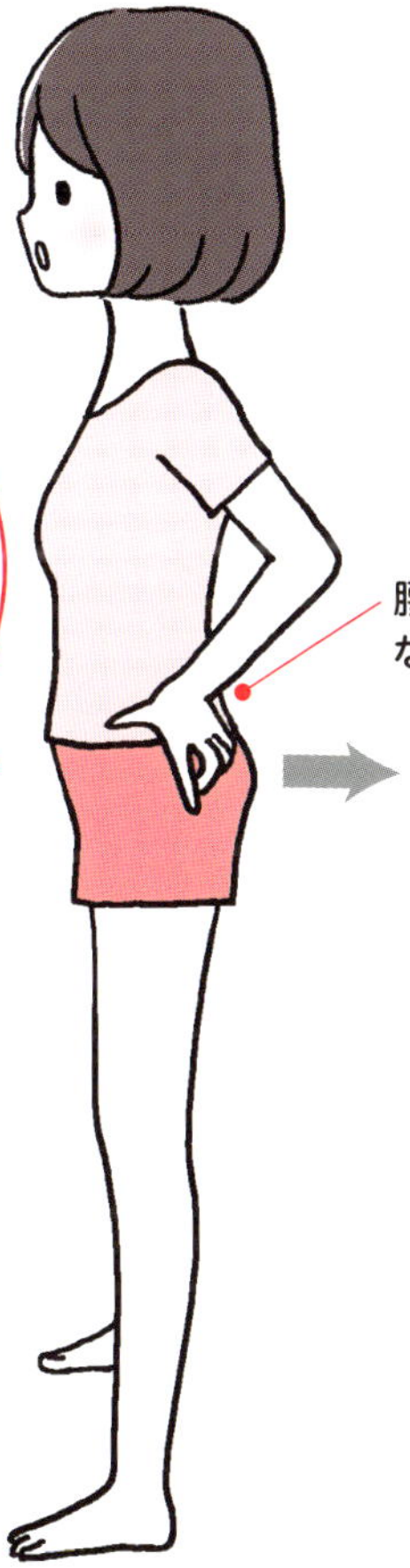

腰を反らさないように

ゆっくりとお尻を後ろに突き出します。一つひとつの動作は、できるだけゆっくりと行います。

10回繰り返す

3 1の姿勢に戻る

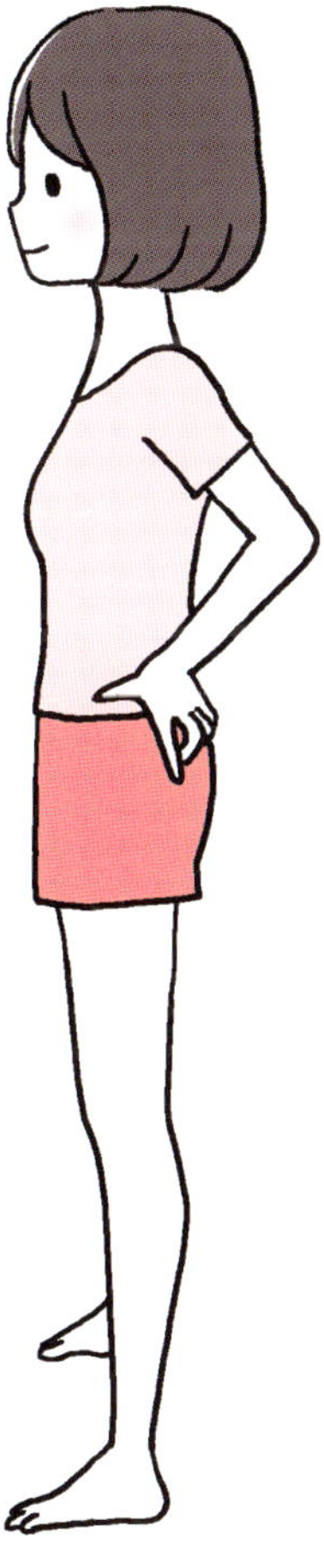

1の姿勢に戻ります。

骨盤立て
スクワット

1 足は肩幅に開いて立つ

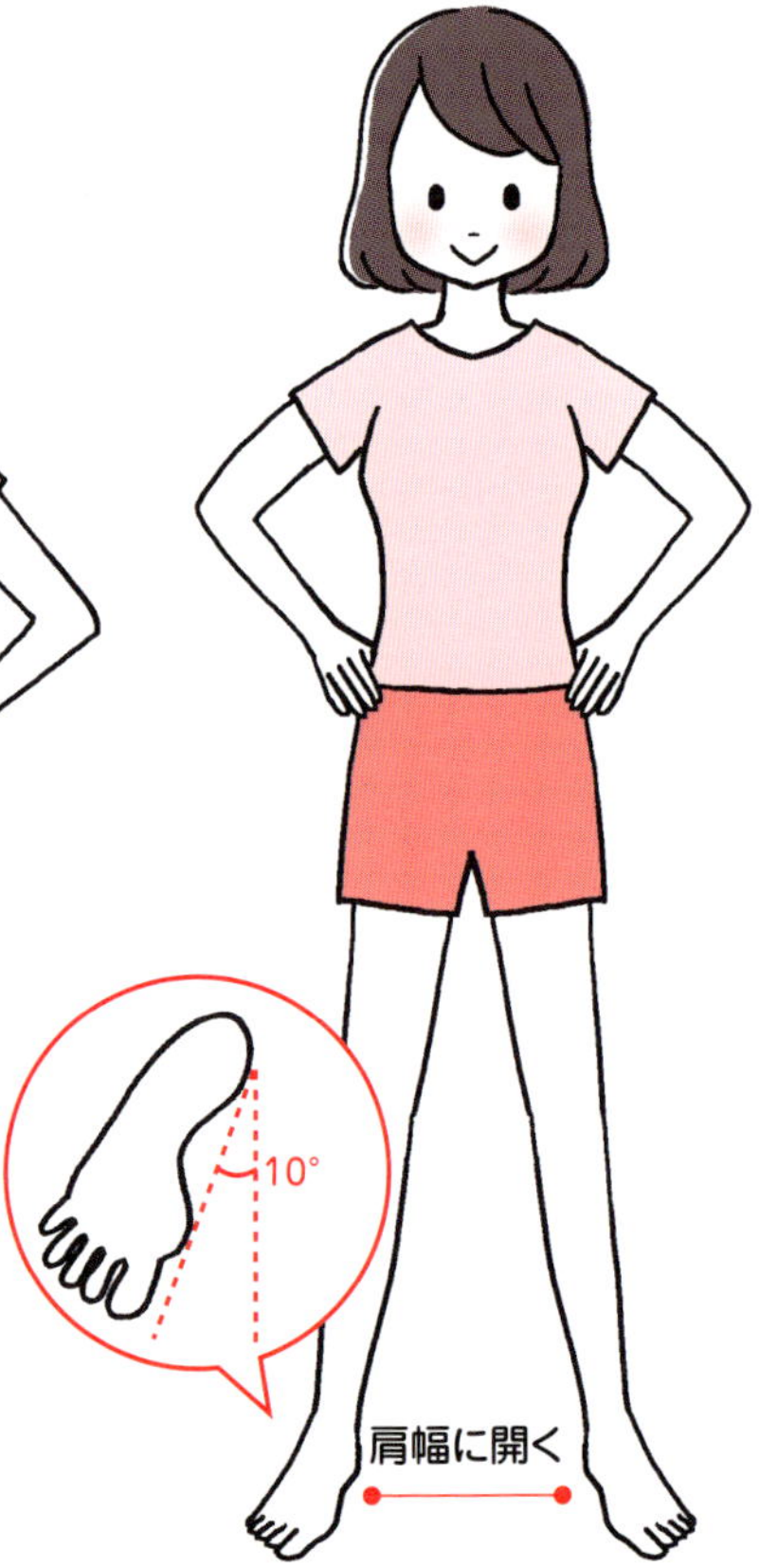
10°
肩幅に開く

つま先を10度外側に向けて、
肩幅に足を開いて立ちます。

2 両ひざを曲げる

注意ポイント
ひざを曲げすぎると、ひざを痛めることがある
つま先の上に
ひざ頭がくるように

ひざ頭がつま先の上にくるように、
ひざを曲げます。

3 恥骨を前に出す

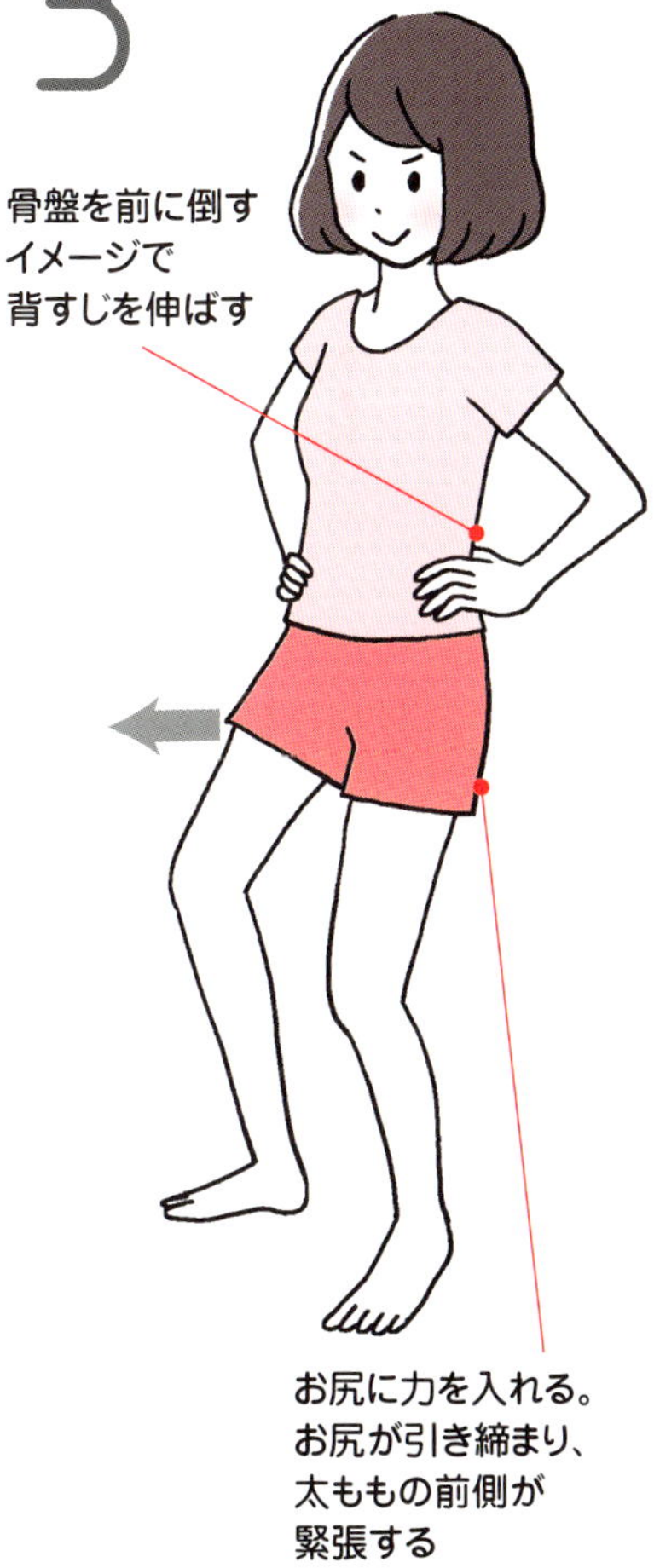
骨盤を前に倒す
イメージで
背すじを伸ばす
お尻に力を入れる。
お尻が引き締まり、
太ももの前側が
緊張する

恥骨を前に出します。

4 ゆっくりとひざを伸ばす

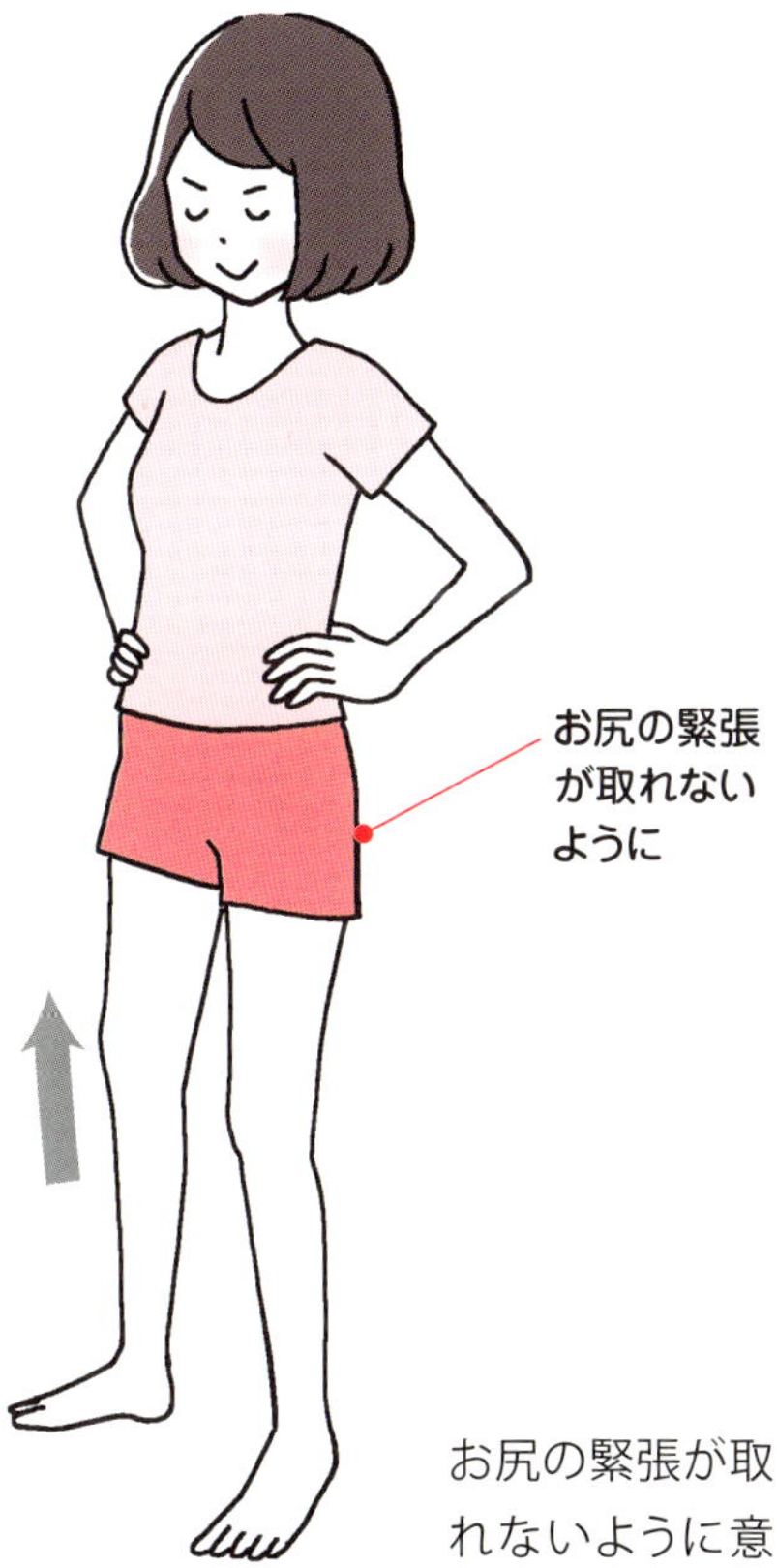
お尻の緊張
が取れない
ように

お尻の緊張が取れないように意識しながら、ゆっくりとひざを伸ばします。

20回
曲げ伸ばしする

お尻のたるみを引き締める❶

1 足を揃えて立つ

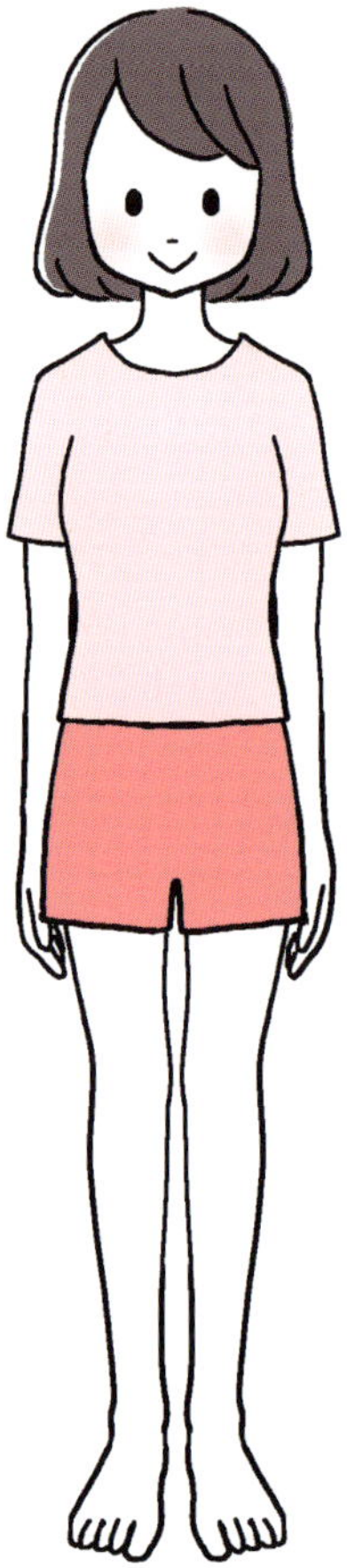

壁際に、足を揃えて立ちます。

2 右のひざ頭を外側に向ける

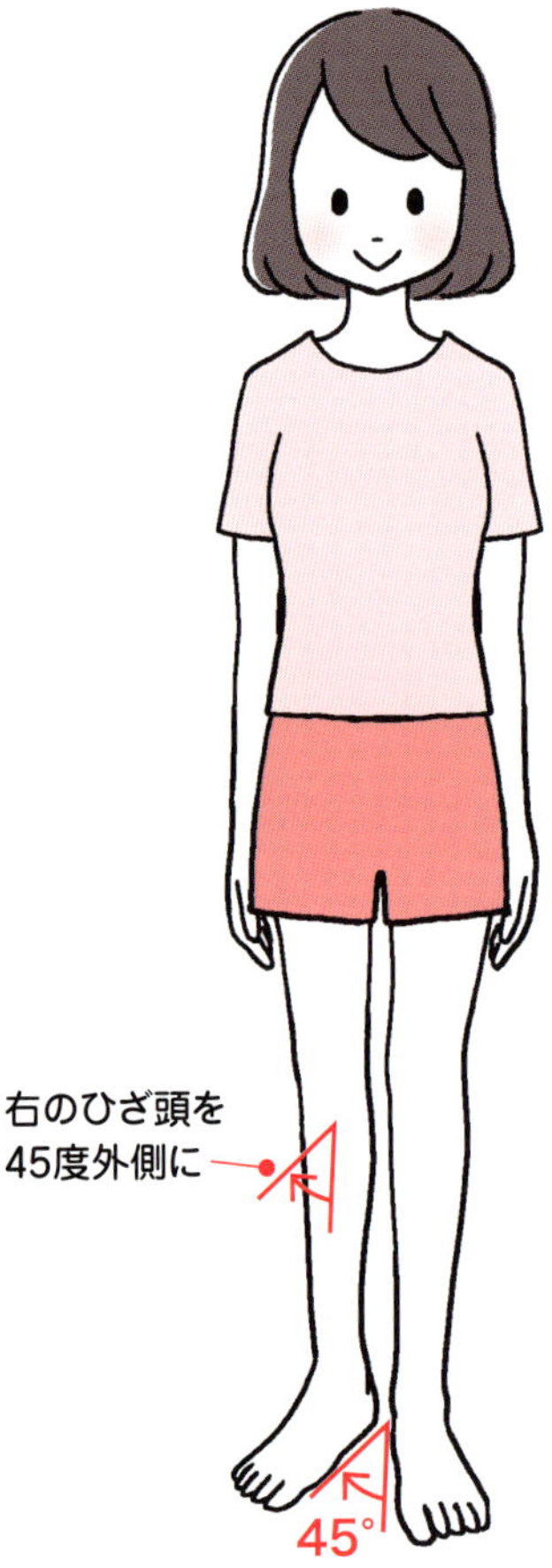

右のひざ頭を45度外側に向けます。

3　斜め45度後ろに右足を上げる

斜め45度後ろに右足を上げ、その姿勢で30秒間キープします。

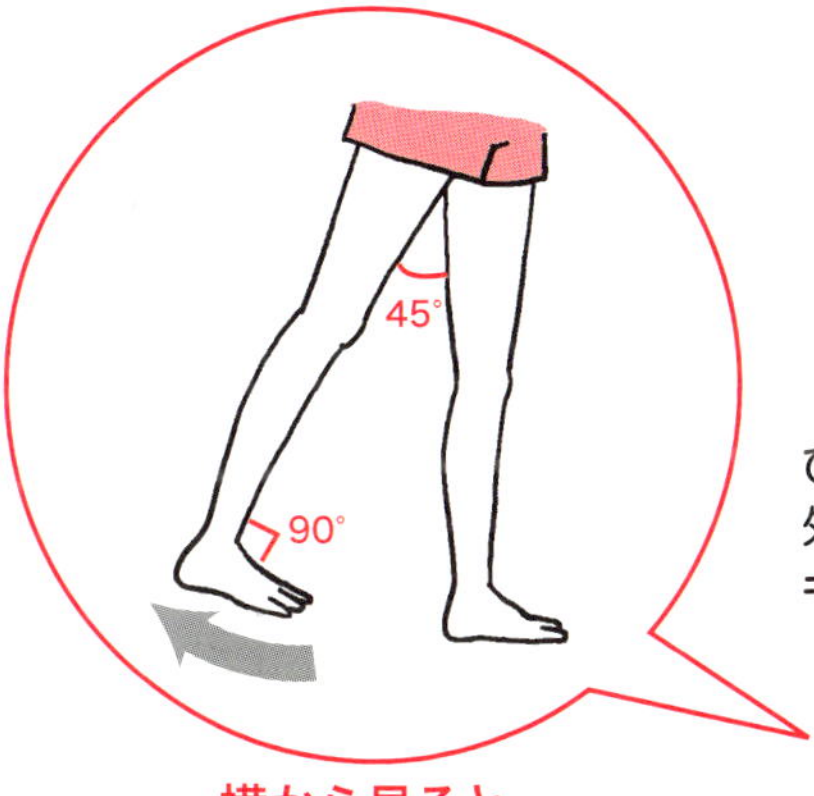

横から見ると……

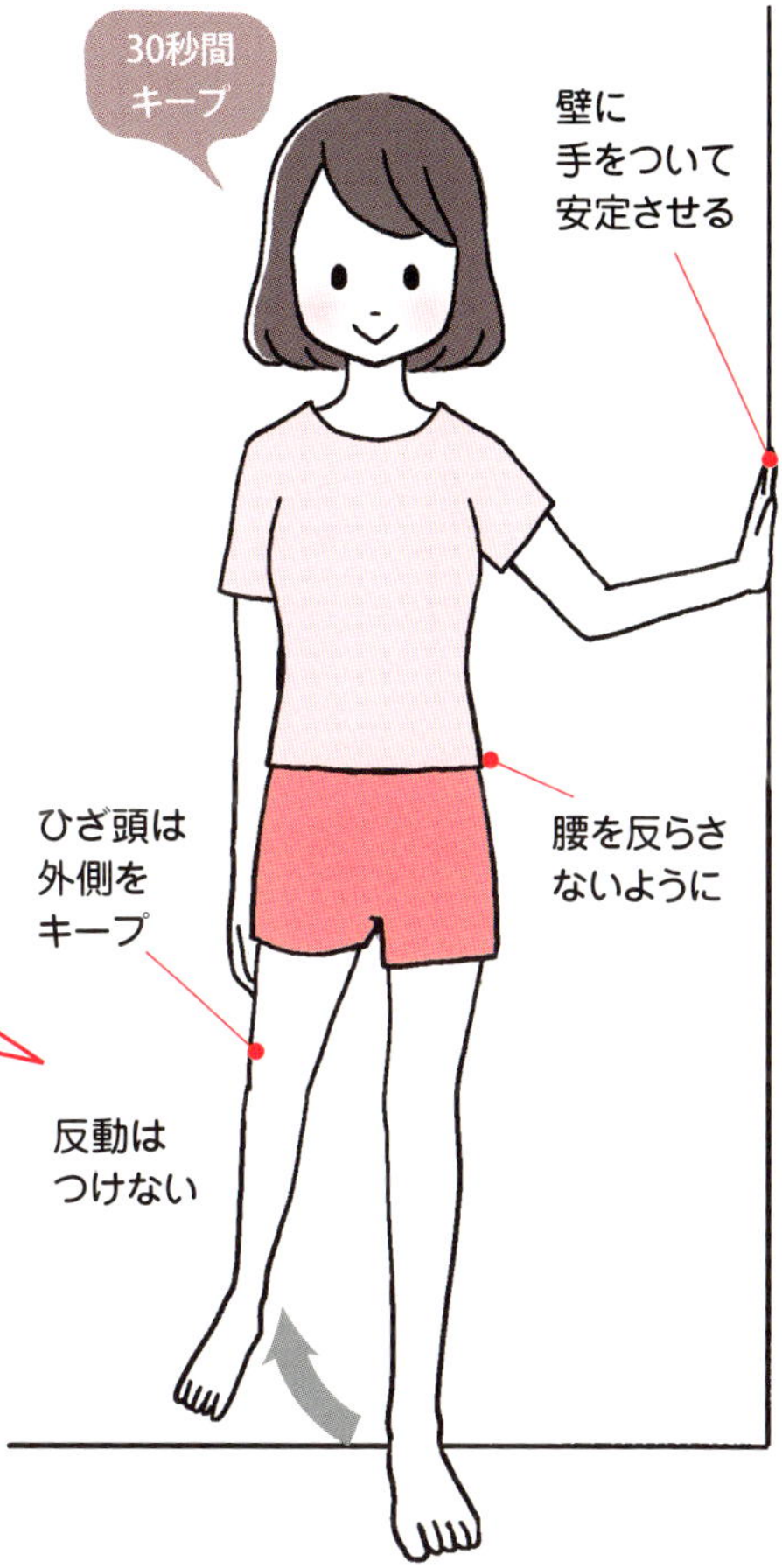

4　反対側も同様に行う

右足を元に戻し、左のひざ頭を45度外側に向け、斜め45度後ろに左脚を上げ、その姿勢で30秒間キープします。

左右5回ずつ後ろに上げる

お尻のたるみを引き締める❷

1 うつ伏せになる

うつ伏せになります。

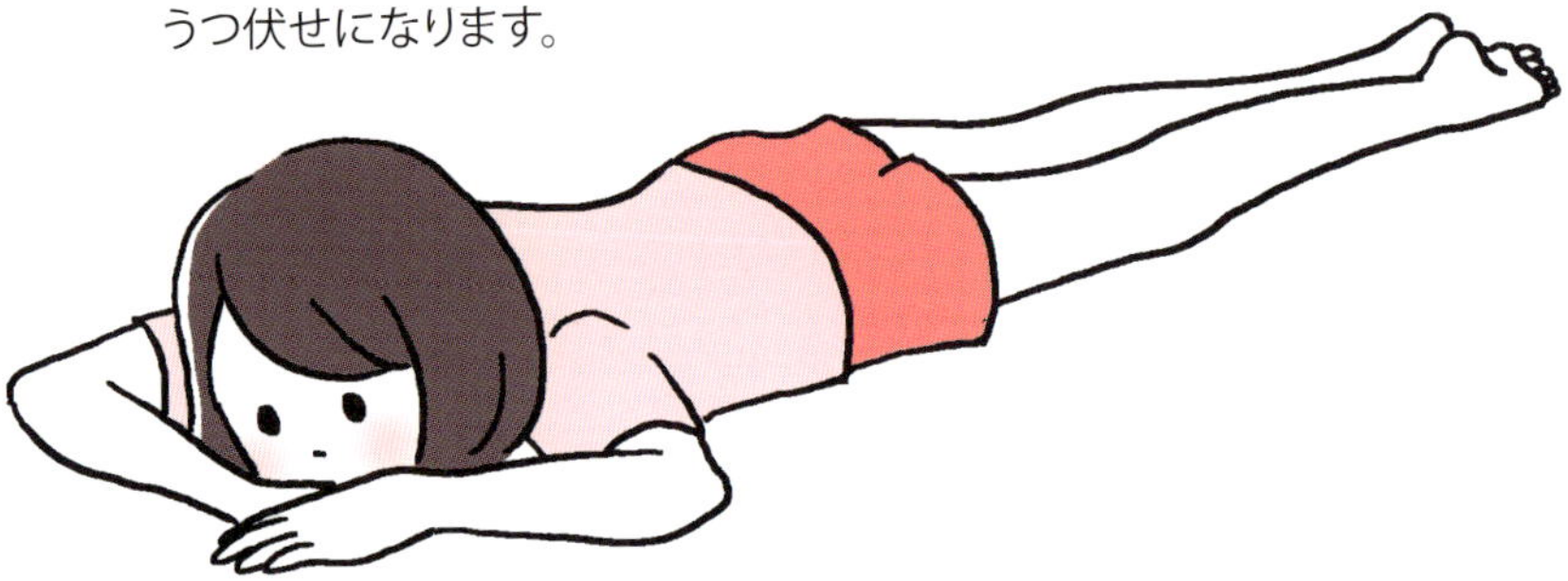

2 両ひじをついて上半身を起こす

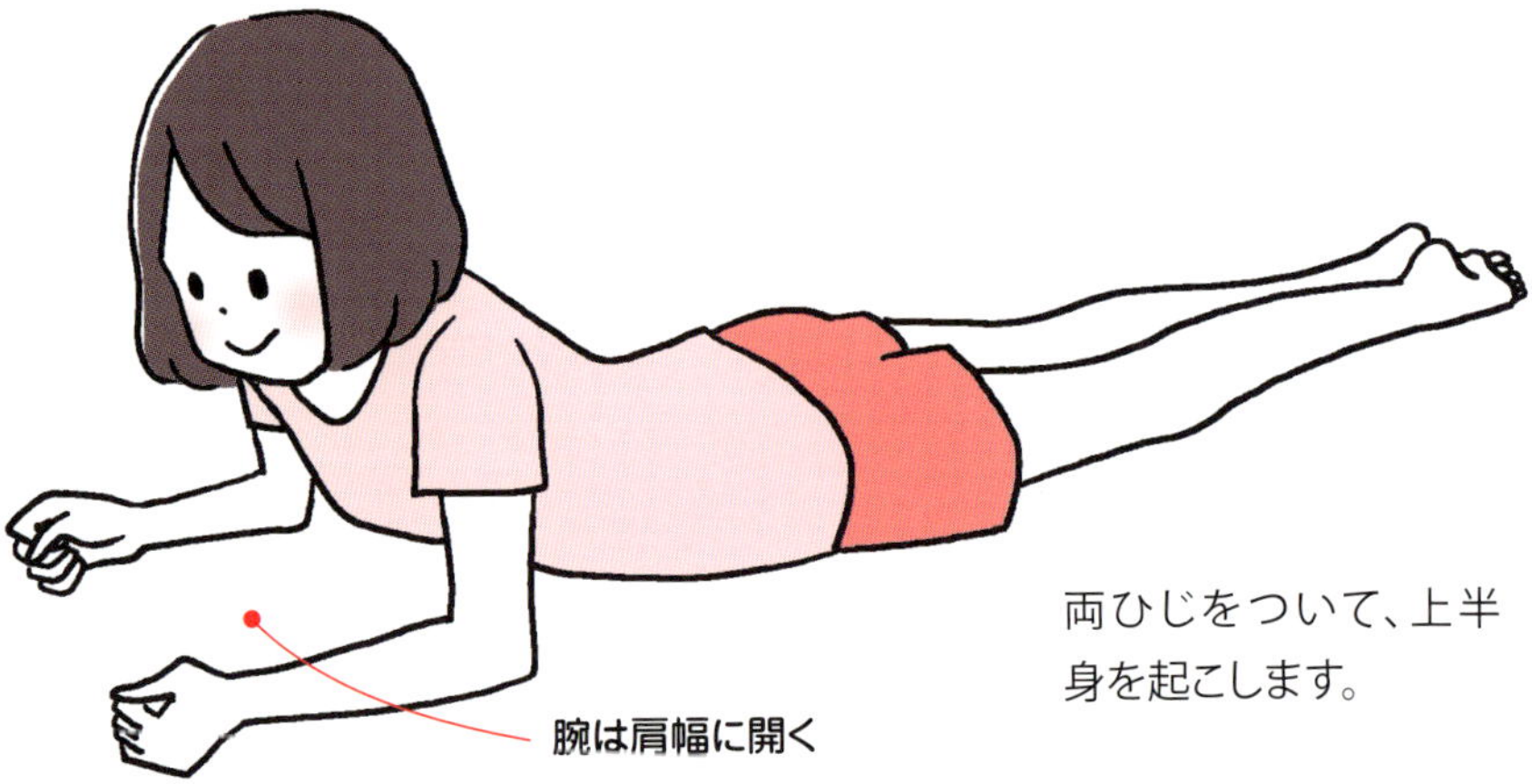

両ひじをついて、上半身を起こします。

3　足を60度開いてつま先を立てる

足を60度開いて、つま先を立てます。

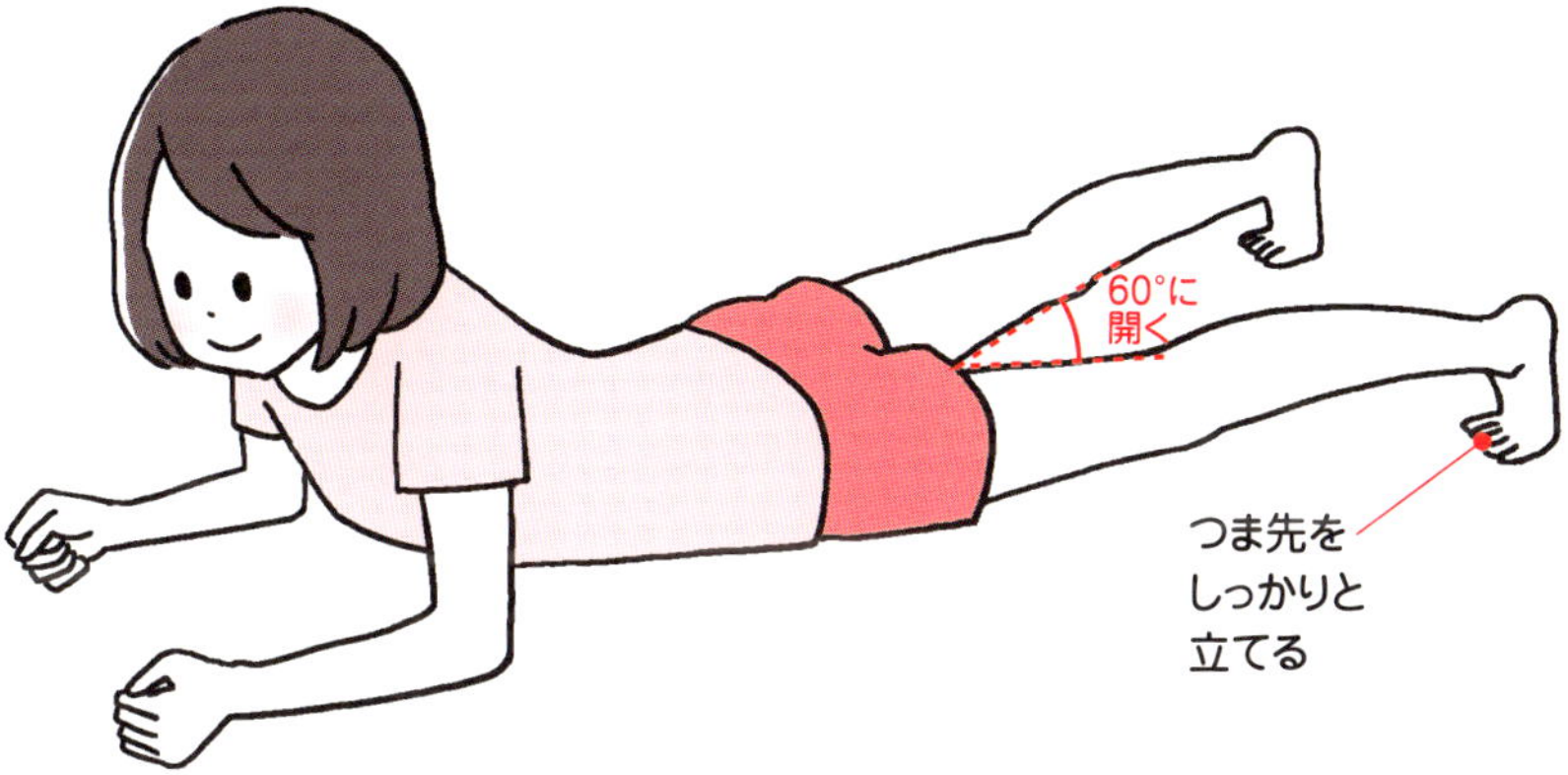

4　両ひじとつま先で腰を持ち上げる

両ひじとつま先で、体を支えるように腰を持ち上げ、
10秒間キープして、ひと呼吸休みます。

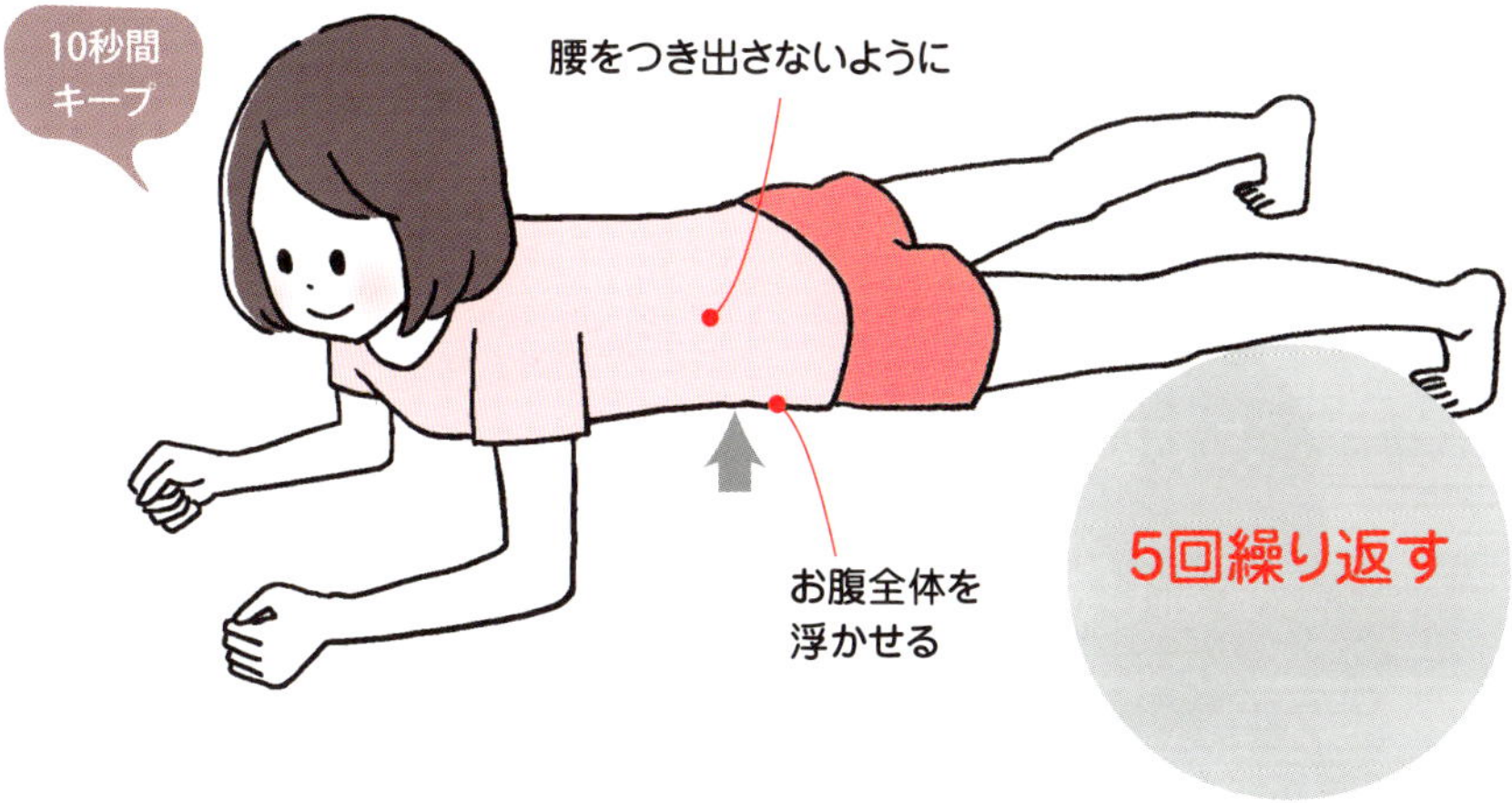

太ももを細くしなやかに

産後の太ももを細くする秘訣があります。一つは結合組織という場所の硬さを解消すること、もう一つは一定の緊張を持続して与えることです。実は下手に有酸素運動を行うと、かえって太くなってしまうのがこの時期の太ももなのです。

おすすめ時間
お昼
午前11時〜午後3時頃

太ももの外側のぜい肉をこそぎ落とす

1 ひざ立ちになり、右足を伸ばす

ひざ立ちになり右足を外側に伸ばします。

立って行ってもOK

立って、硬くてしっかりしたいすや台に、足をのせて行ってもOK。

2 右足のつま先を立てる

右足のつま先を立てます。

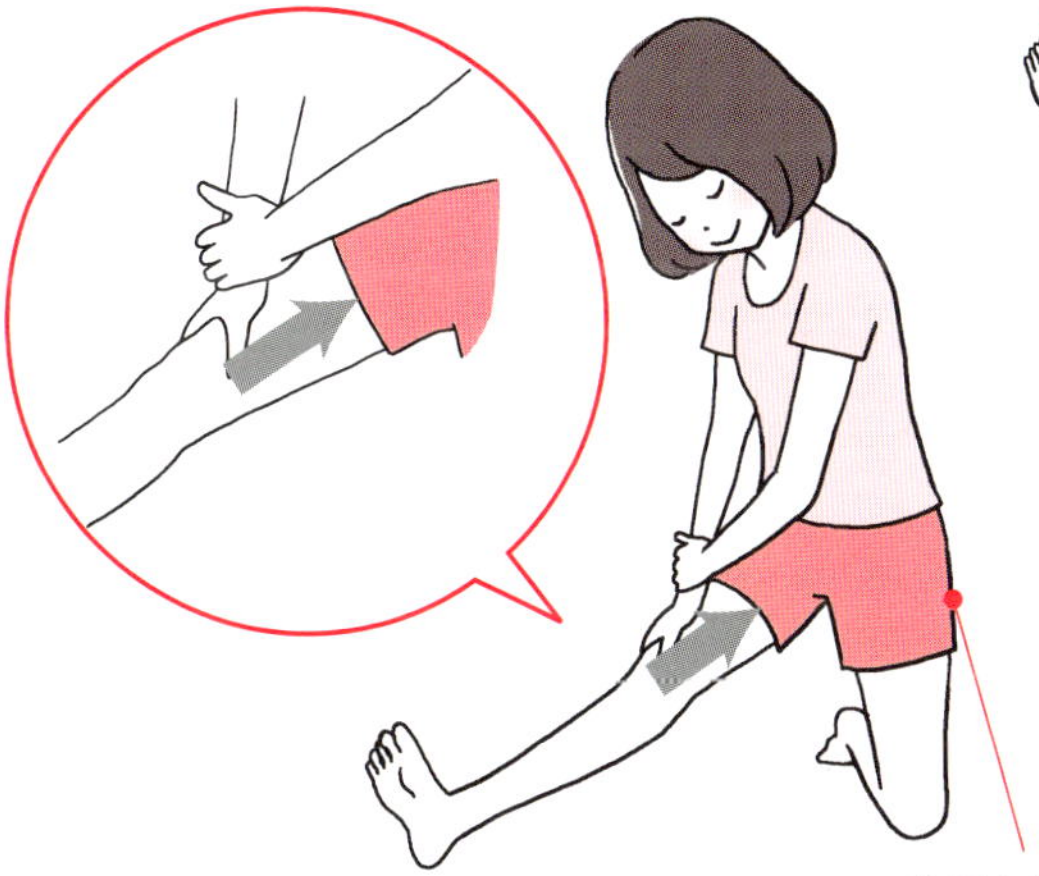

3 右ひざの横から足をさすり上げる

右ひざの横から足のつけ根まで、皮膚をさすり上げます。

4 反対側も同様に

ひざ立ちになり、左足を外側に伸ばしてつま先を立てます。ひざの横から足のつけ根まで皮膚をさすり上げます。

左右10回ずつ繰り返す

太ももの内側のたるみをキュッと引き締める

1 仰向けになり、両足を伸ばす

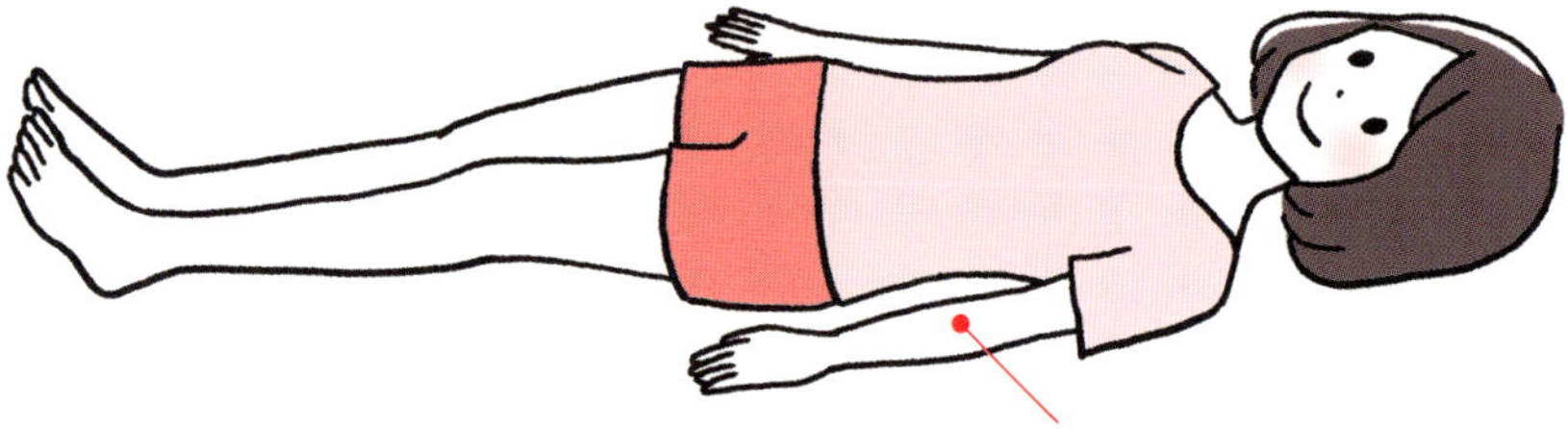
両腕は体につけるように
する

仰向けになり、両足を伸ばし、両腕を体につけるようにして、手のひらを下に向けます。

2 両ひざを立てる

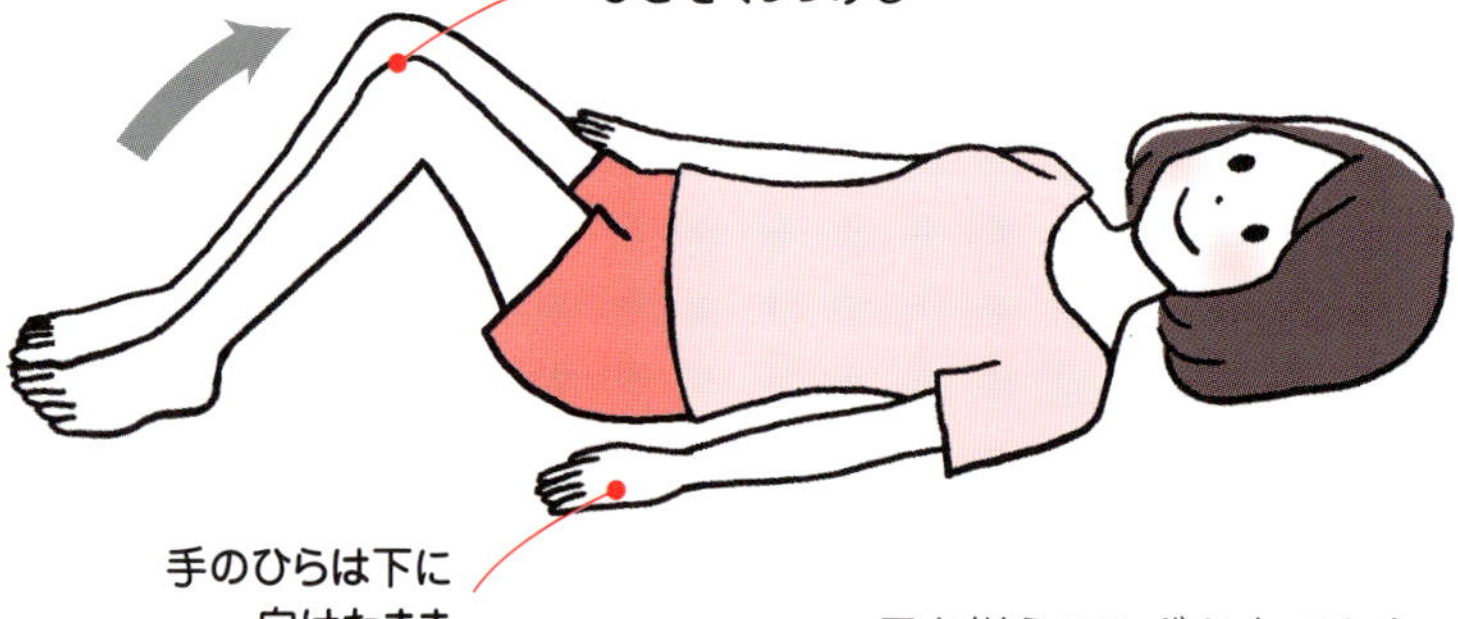
ひざをくっつける
手のひらは下に
向けたまま

足を揃えてひざを立てます。

3 ひざが離れないように腰を持ち上げる

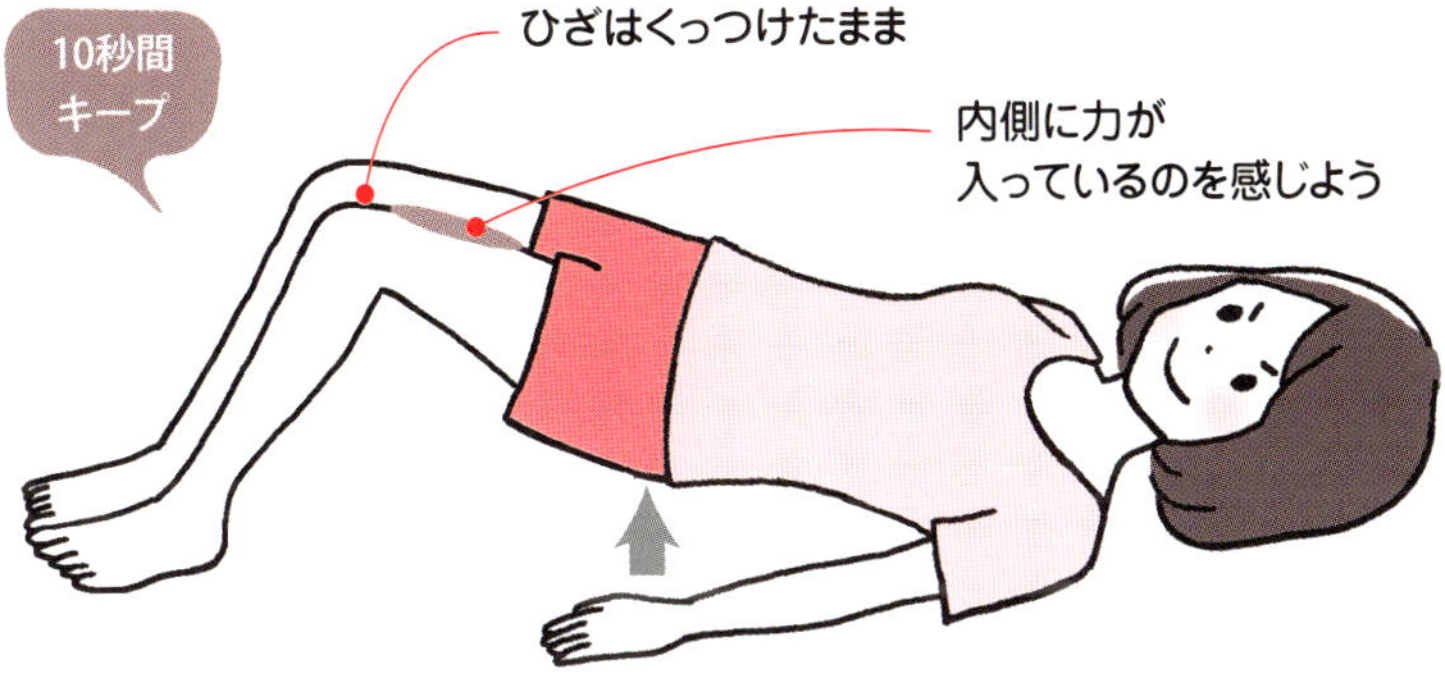
10秒間
キープ
ひざはくっつけたまま
内側に力が
入っているのを感じよう

ひざが離れないようにしながら、
腰を持ち上げます。

ひと呼吸休み
2〜3を
5回繰り返す

ひざが離れると、
太もも内側の引き締め
ではなく、お尻の引き締
めになってしまいます。
また、首を痛めている人
は控えてくださいね

太ももの**前側**のムダ肉をスッキリ

90°になるように

1 ひざ立ちになる

布団や絨《じゅう》毯《たん》など柔らかいものの上で、ひざ立ちになります。

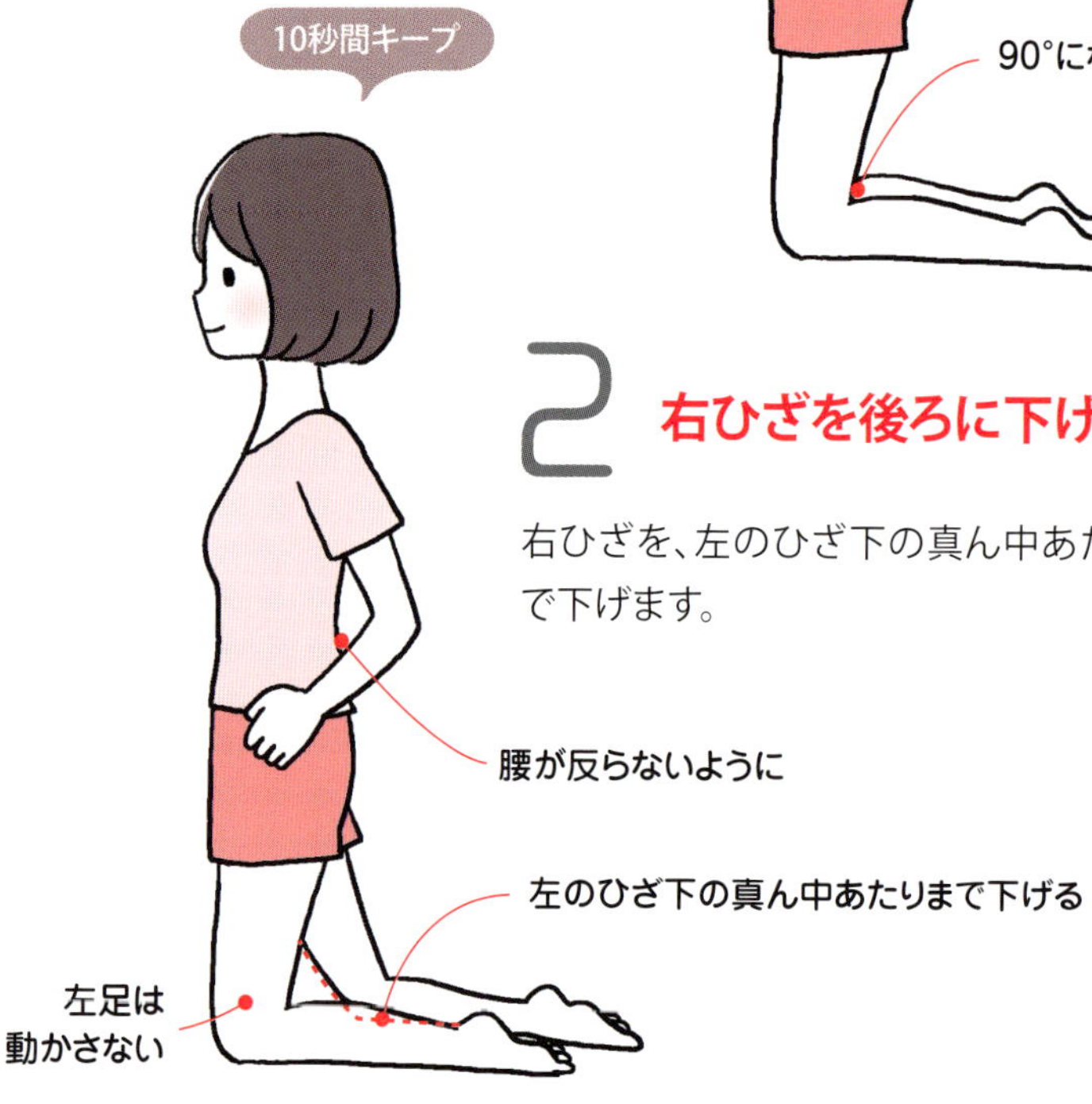
10秒間キープ
腰が反らないように
左のひざ下の真ん中あたりまで下げる
左足は
動かさない

2 右ひざを後ろに下げる

右ひざを、左のひざ下の真ん中あたりまで下げます。

3 ゆっくりと右の腰を前に押し出す

ゆっくりと右の腰を前に押し出します。

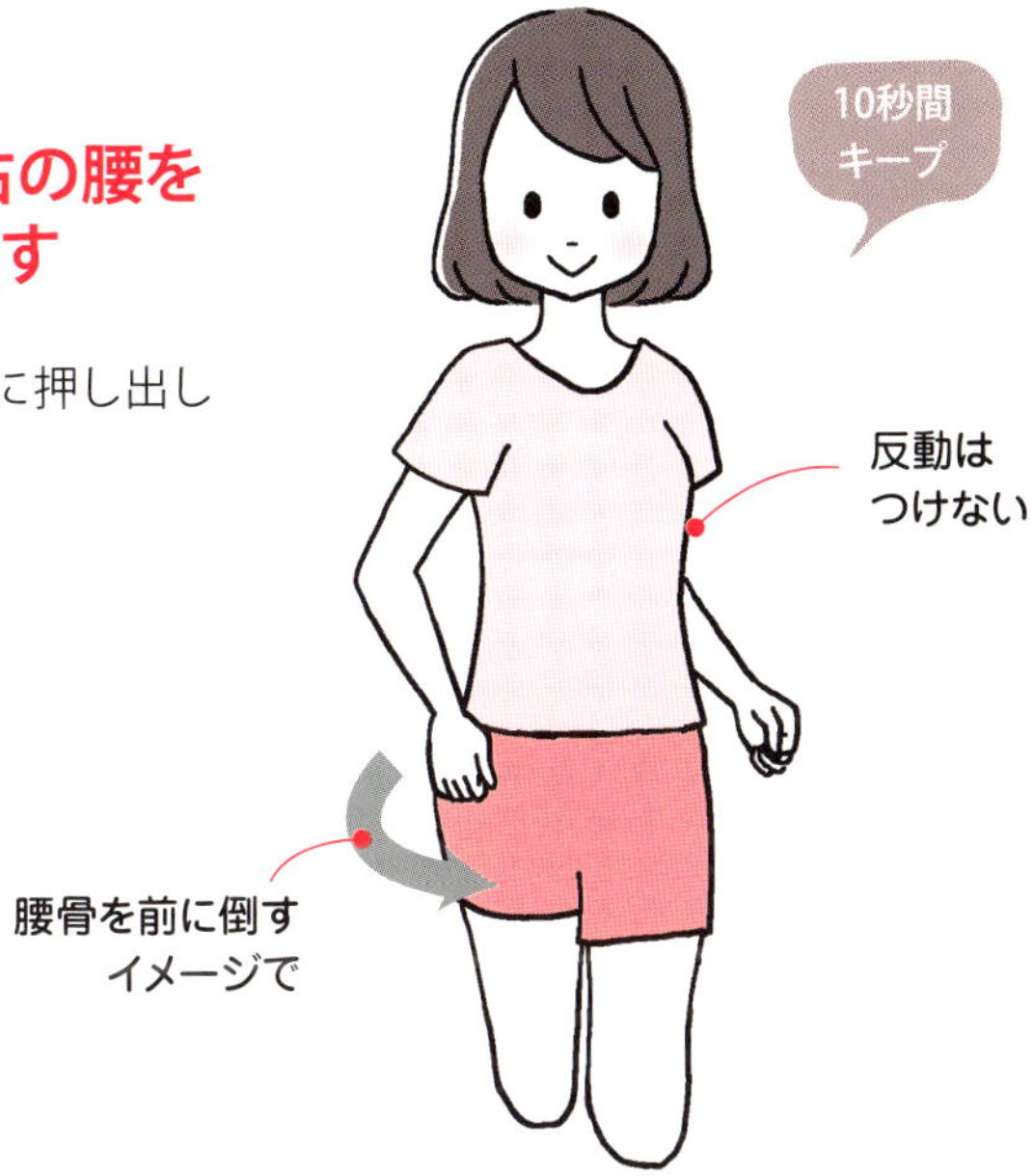

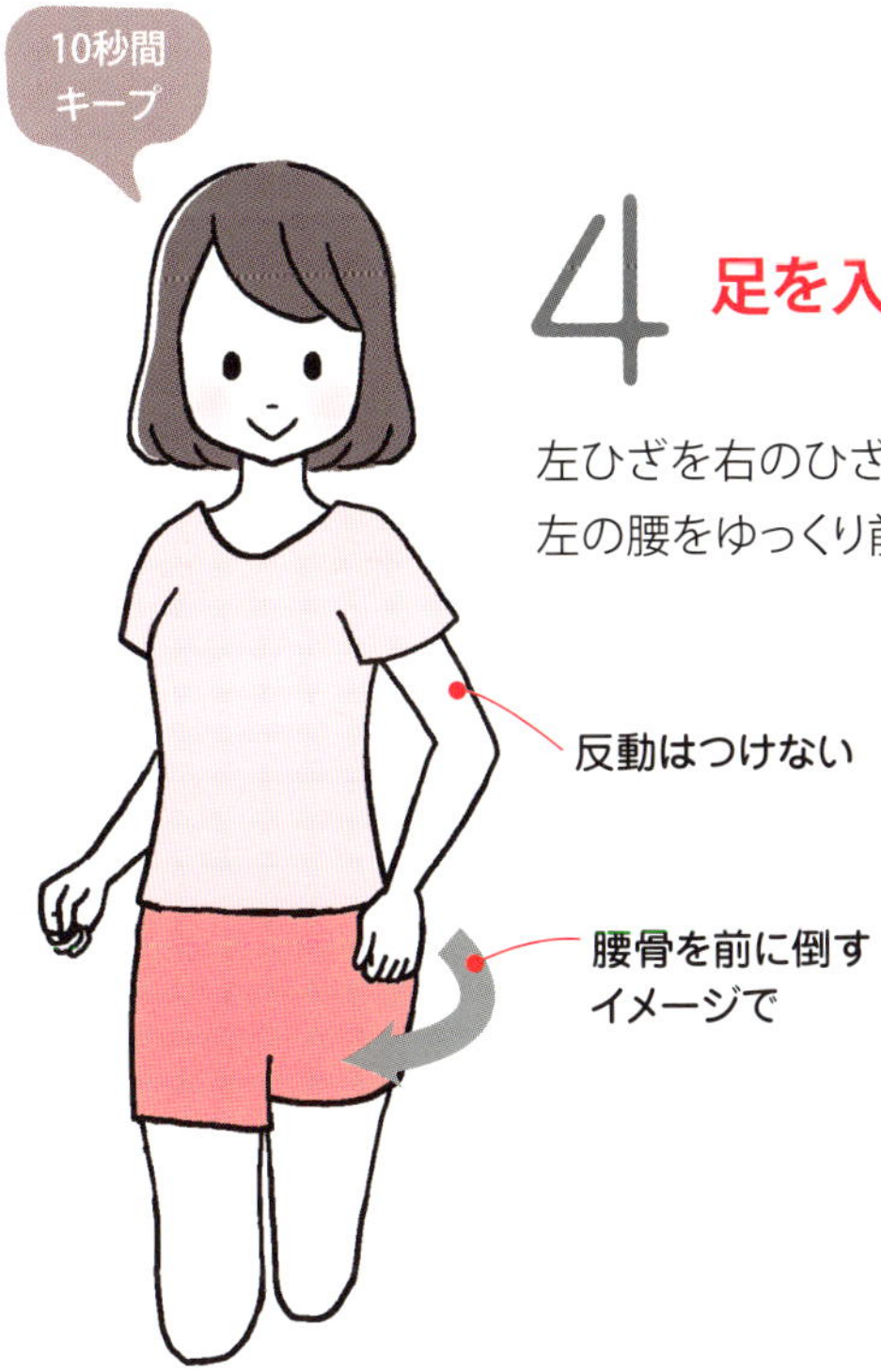

4 足を入れ替えて、反対側も行う

左ひざを右のひざ下の真ん中あたりまで下げ、左の腰をゆっくり前に出します。

左右10回ずつ繰り返す

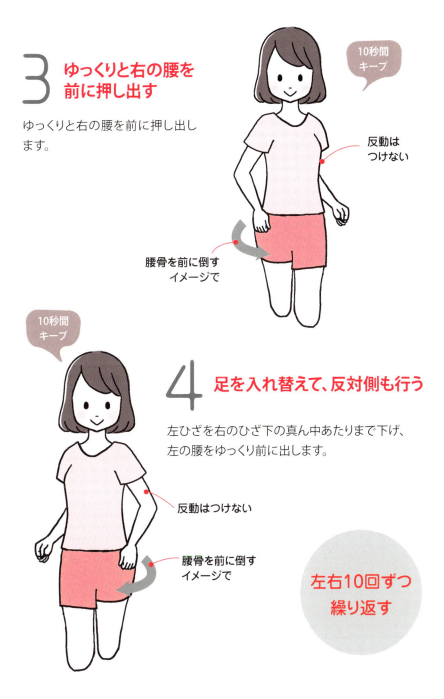

太ももの**後ろ側**の
ボンレスハム状態をどうにかする

1　仰向けに寝て、両足を60度に開く

仰向けになり、両脚を60度に開きます。両腕は体に沿わせ、手のひらを下に向けます。

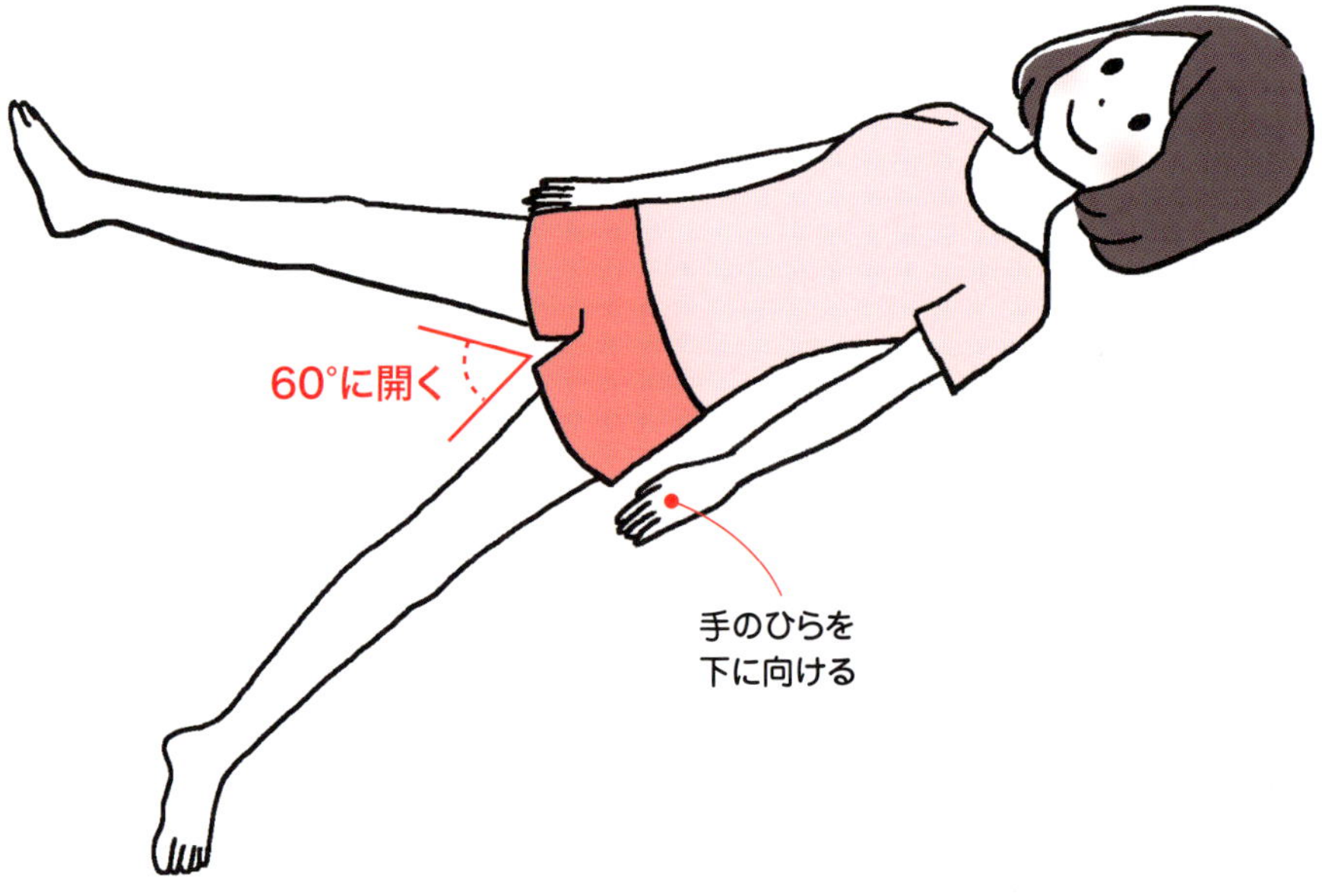

2　つま先を立てる

つま先を軽く立てます。

3　腰を持ち上げる

腰を持ち上げ、10秒間キープします。

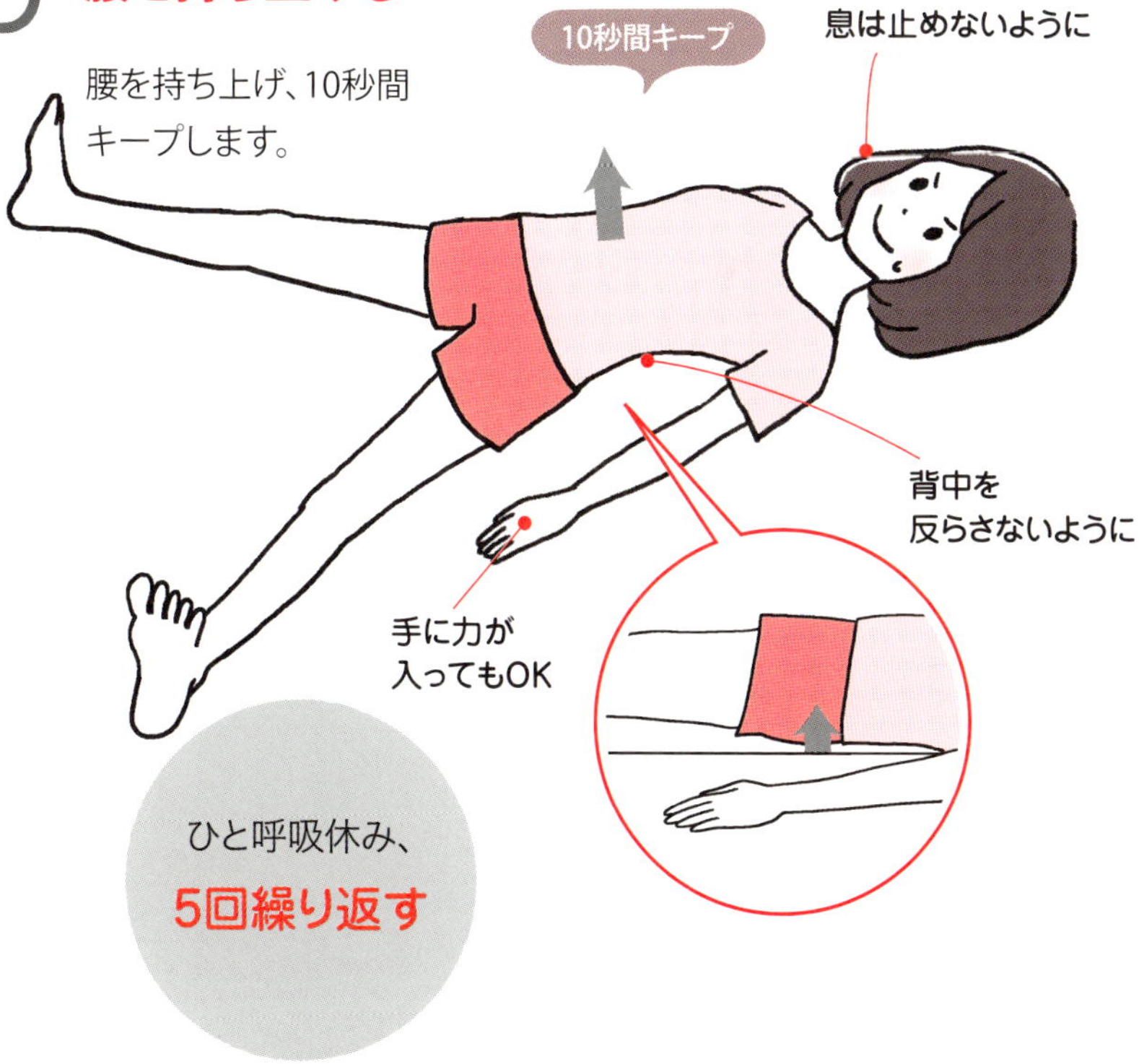
10秒間キープ
息は止めないように
背中を反らさないように
手に力が入ってもOK

ひと呼吸休み、
5回繰り返す

ふくらはぎを形よく引き締める

ふくらはぎには、体を支えながら歩くときの衝撃を吸収する役目があります。妊娠中の独特の姿勢や歩き方によって、ふくらはぎの形は崩れてしまいます。そのふくらはぎの形を改善することは、ふくらはぎ本来の機能回復にもなります。

おすすめ時間
お昼
午前11時〜午後3時頃

10代の頃のような 足首のくびれを取り戻す

注意ポイント
血圧が高い方は控える

1 仰向けに寝て、右ひざを立てる

仰向けになり、右ひざを立てます。

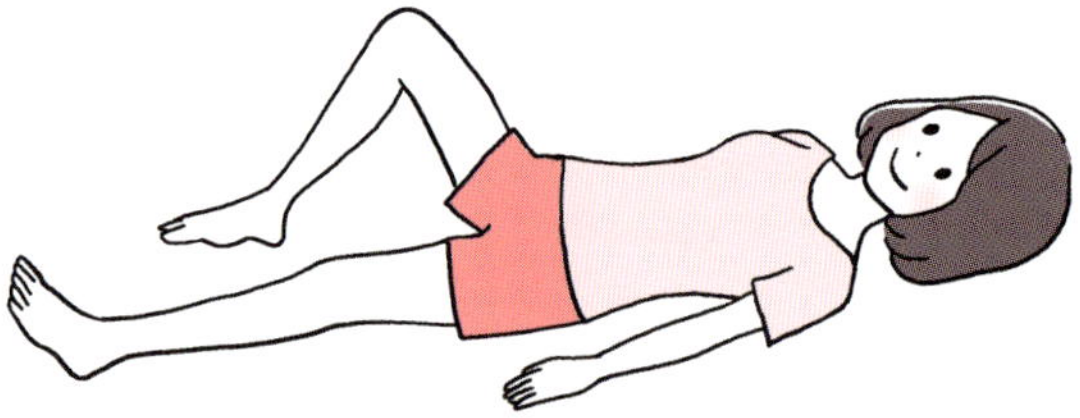

2 左足を高く上げる

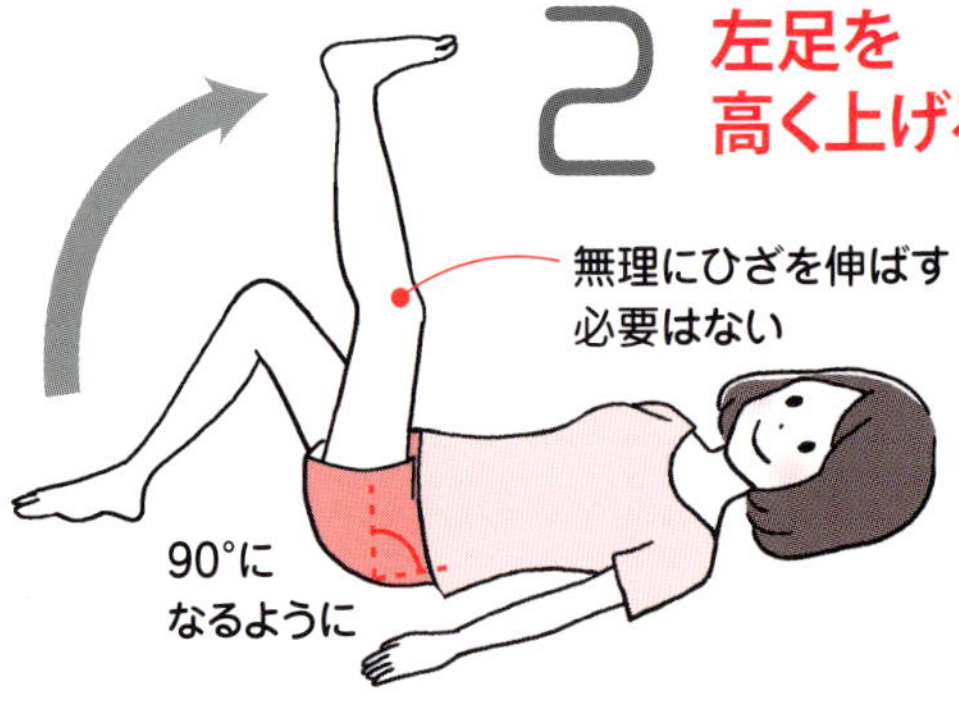
無理にひざを伸ばす必要はない
90°になるように

左足を、股関節が90度になるくらいまで持ち上げます。

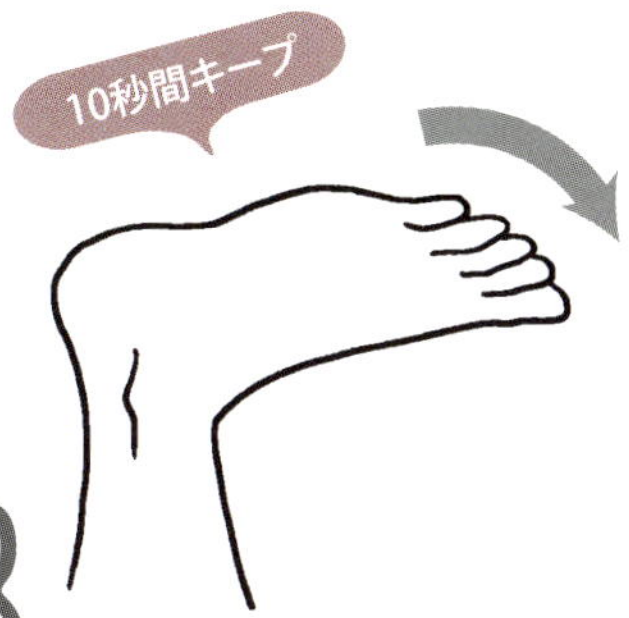
10秒間キープ

3 つま先を立てる

つま先をゆっくりと立てて、10秒間キープします。

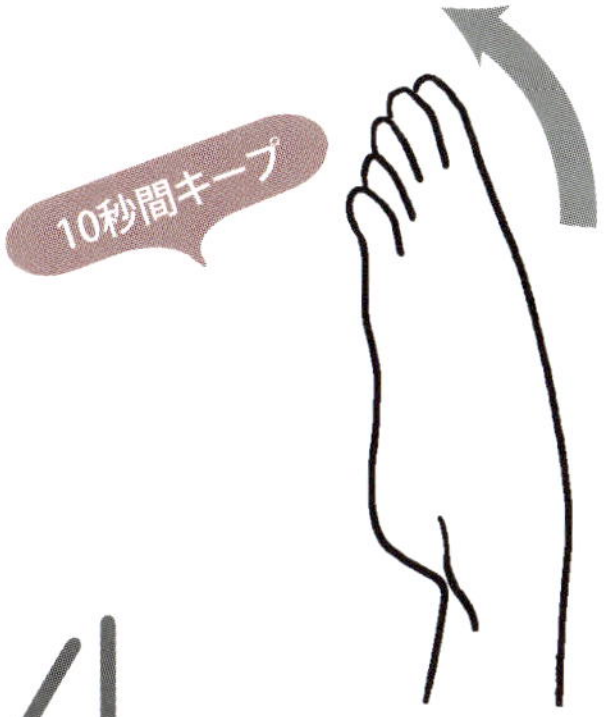
10秒間キープ

4 つま先を伸ばす

アキレス腱が伸びるような感じがしたら、つま先を伸ばし、10秒間キープします。つま先を伸ばしたらつま先を上に伸ばす感じにします。

5 反対側も同様に行う

無理にひざを伸ばす必要はない
90°に
なるように

今度は右足を上げ、股関節が90度になるくらいまで持ち上げます。つま先をゆっくり立てて10秒間キープ、ゆっくり伸ばして10秒間キープします。

1～5を
5セット行う

存在感のある**ふくらはぎ**をスリムアップする

1 両足を揃えて立つ

両足を揃えて立ちます。

2 右足を後ろに下げる

右足を2.5歩分後ろに下げます。

3 右足のかかとをゆっくり上げ下げする

骨盤を立てて、右足のかかとをゆっくりと上げ下げします。

骨盤をまっすぐに
立てるイメージで

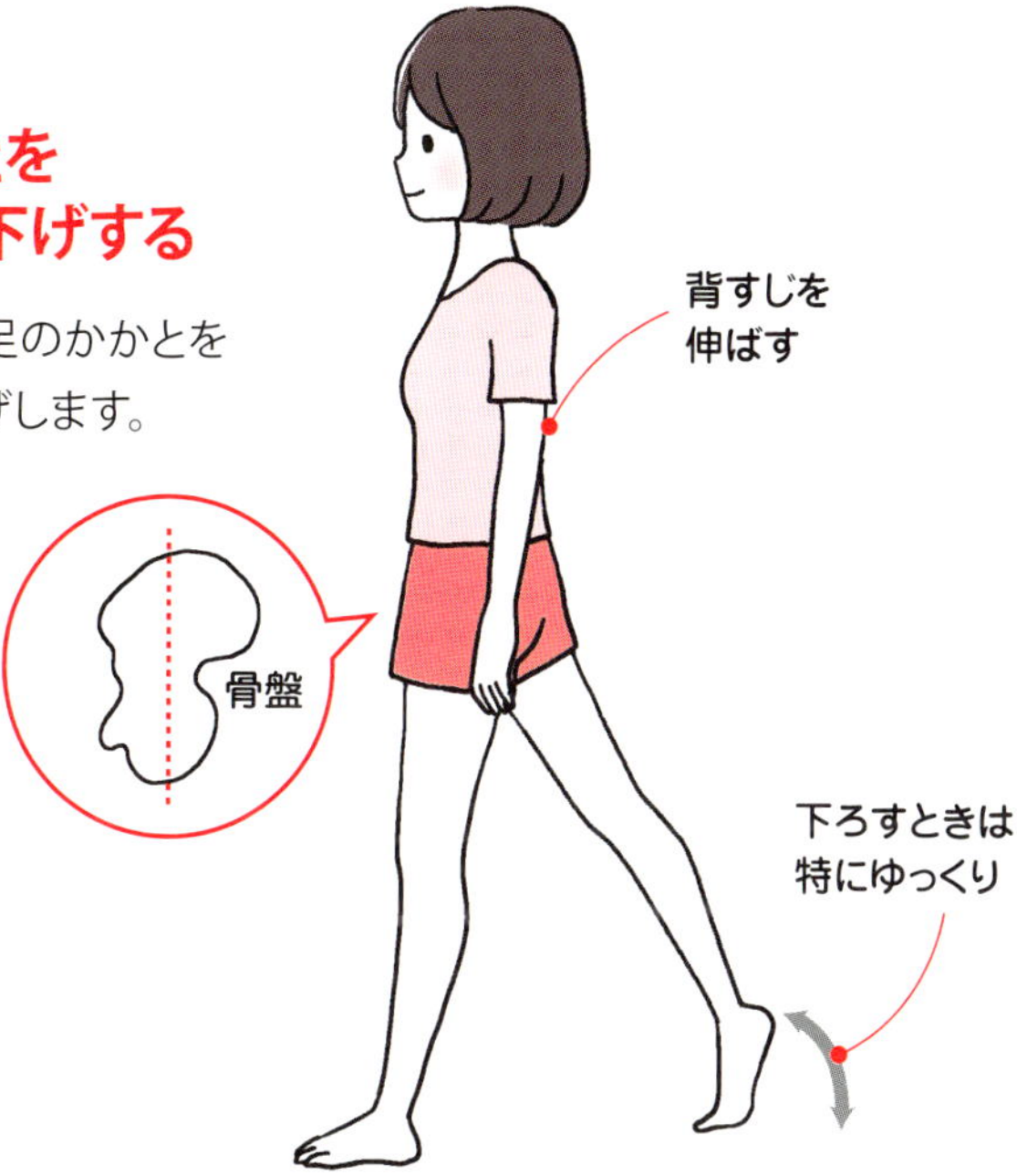

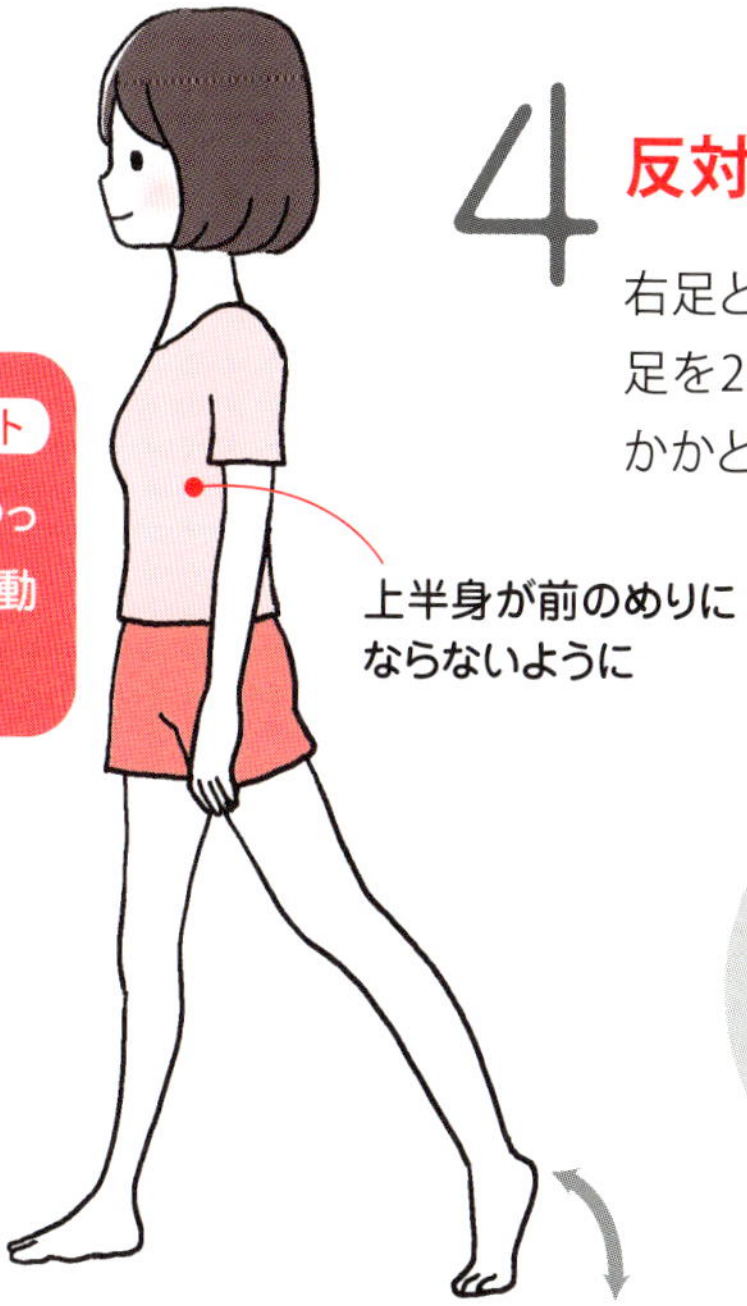

4 反対側も同様に行う

右足と同様に左足も行います。左足を2.5歩分後ろに下げ、左足のかかとをゆっくり上げ下げします。

注意ポイント
全体的にゆっくりとした動きで行う

左右10回ずつ繰り返す

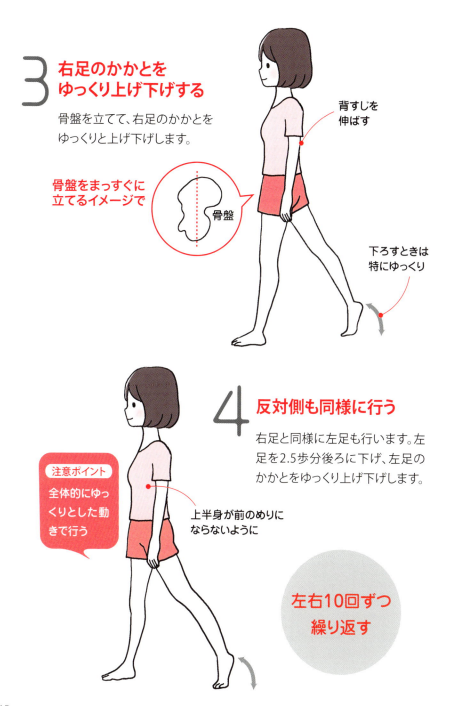

O脚を解消して形のよいふくらはぎに

1 いすに浅く座り、両足を前に投げ出す

安定感のあるいすに浅く座り、両足を前に投げ出します。つま先を立て、両足のふくらはぎがつくように力を入れます。

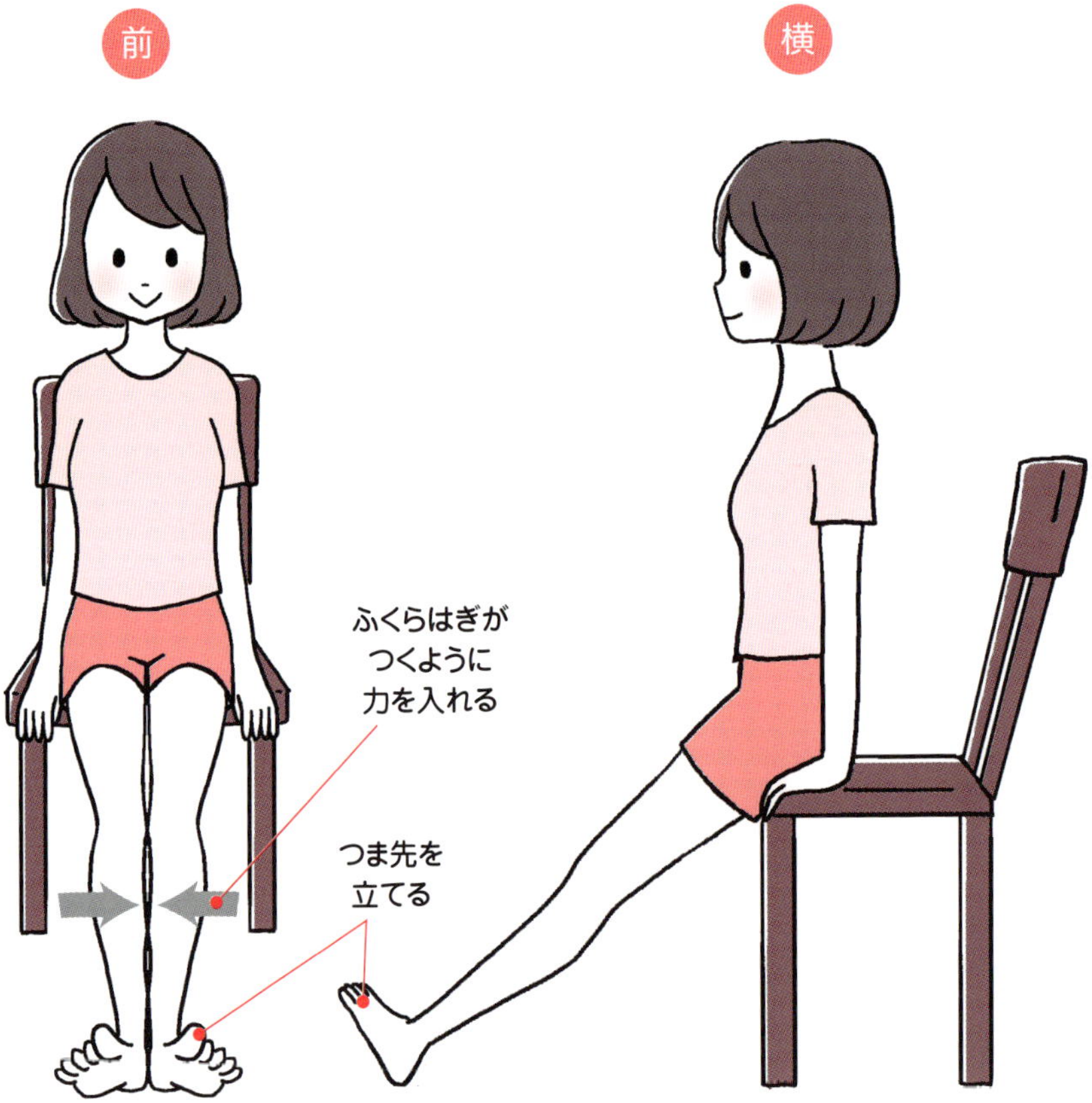
前
横
ふくらはぎが
つくように
力を入れる
つま先を
立てる

2 ひざ頭を45度外側に向けたり、前に向けたりする

ふくらはぎが離れないようにしながら、ひざ頭を45度外側に向けたり、前に向けたりを繰り返します。

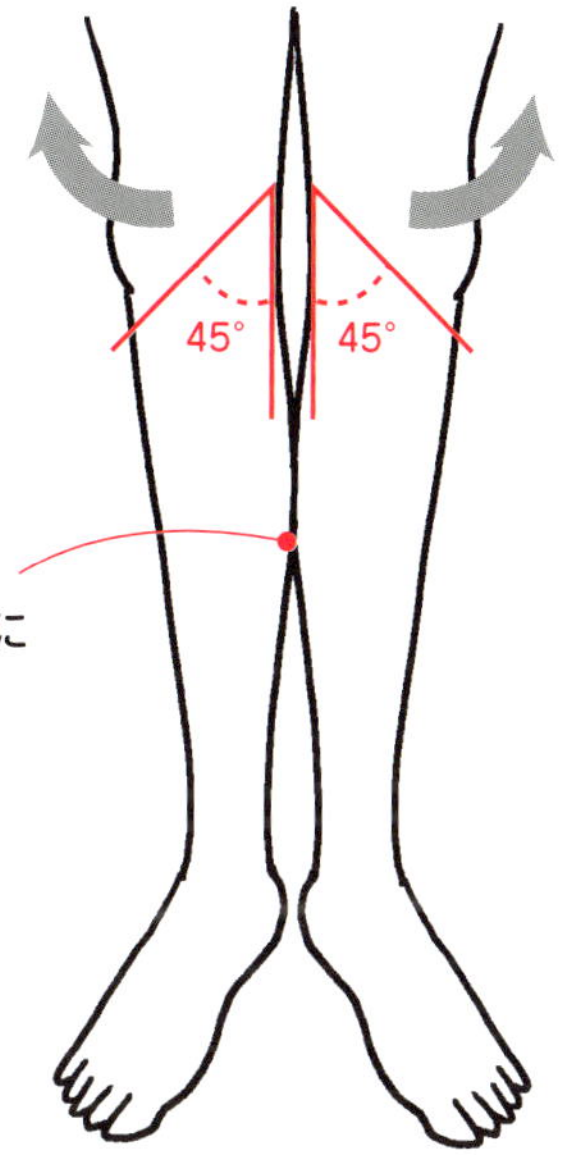
45°
45°
ふくらはぎが離れないように

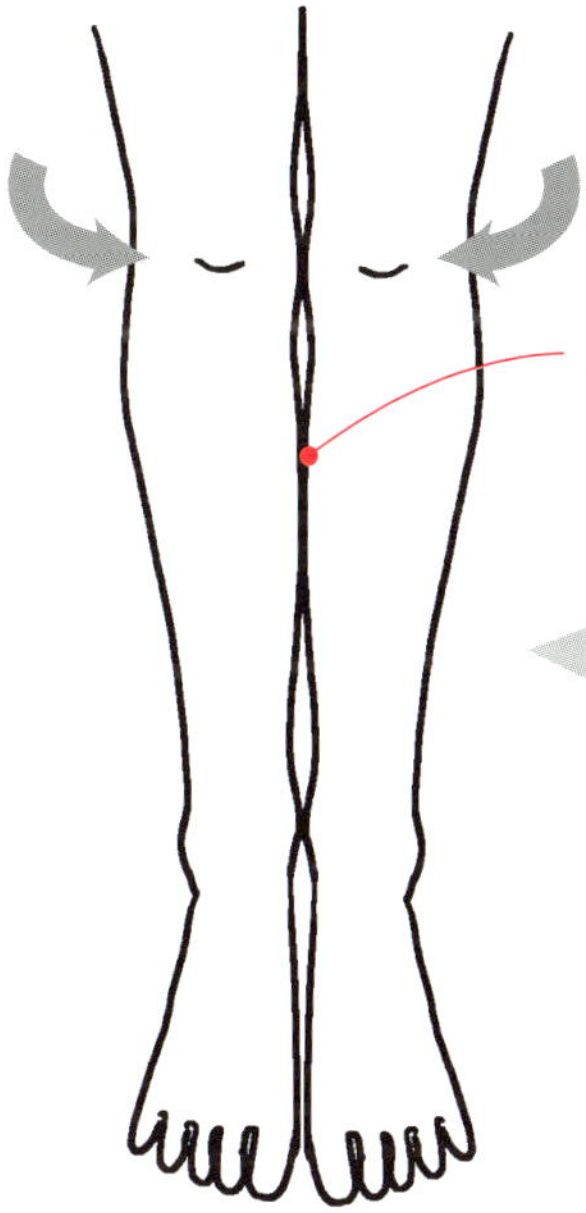
ふくらはぎが離れないように

20回繰り返す

ひざをつけるのではなく、
ふくらはぎが離れないように
意識しましょう

抗ストレスストレッチで産後太りを防ぐ

ストレスを感じると、特に体の背面に緊張が起こります。その緊張を取るように〝軽めに〟ストレッチを行うことで、ストレスを受けにくくなります。足の方から顔に向かって順番に行います。

おすすめ時間
お休み前
午後7時～11時頃

ふくらはぎのストレッチ

1 仰向けに寝て、足を開く

仰向けになり、脚を30度に開きます。ゆっくりとつま先を立て、ふくらはぎが軽く伸びるようにします。

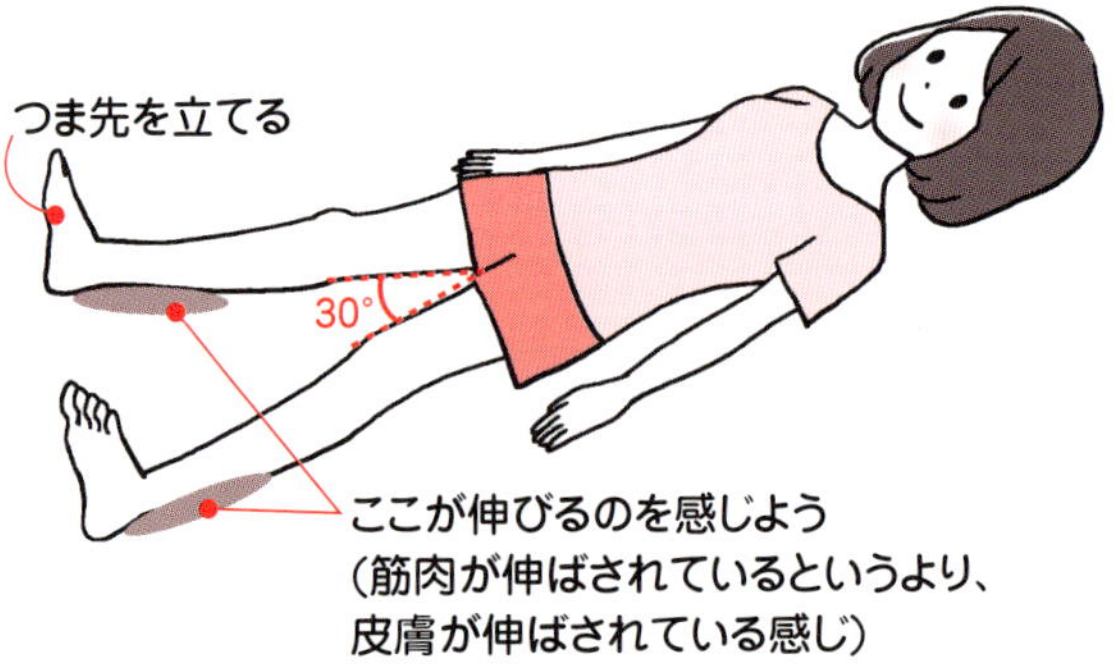
つま先を立てる
30°
ここが伸びるのを感じよう
（筋肉が伸ばされているというより、
皮膚が伸ばされている感じ）

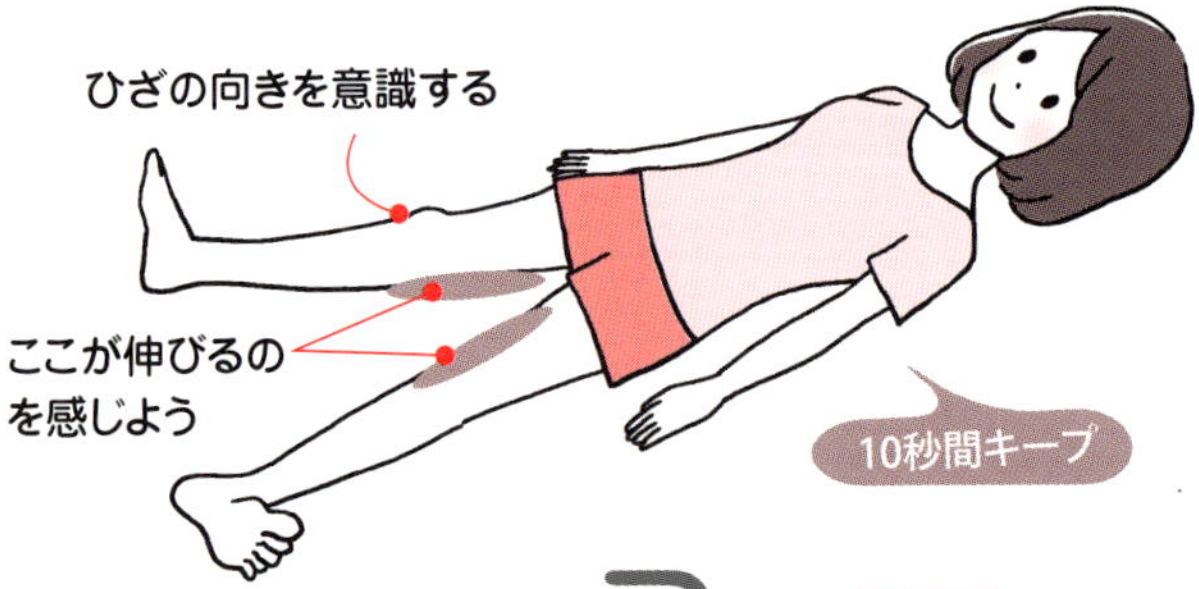
ひざの向きを意識する
ここが伸びるの
を感じよう
10秒間キープ

2 ひざ頭を外側に向ける

つま先を立てたら、そのままひざを外に向けるようにし、10秒間キープします。

5回繰り返す

太もものストレッチ

1 床に座り、両足を伸ばす

床に座り、両脚を揃えて伸ばします。

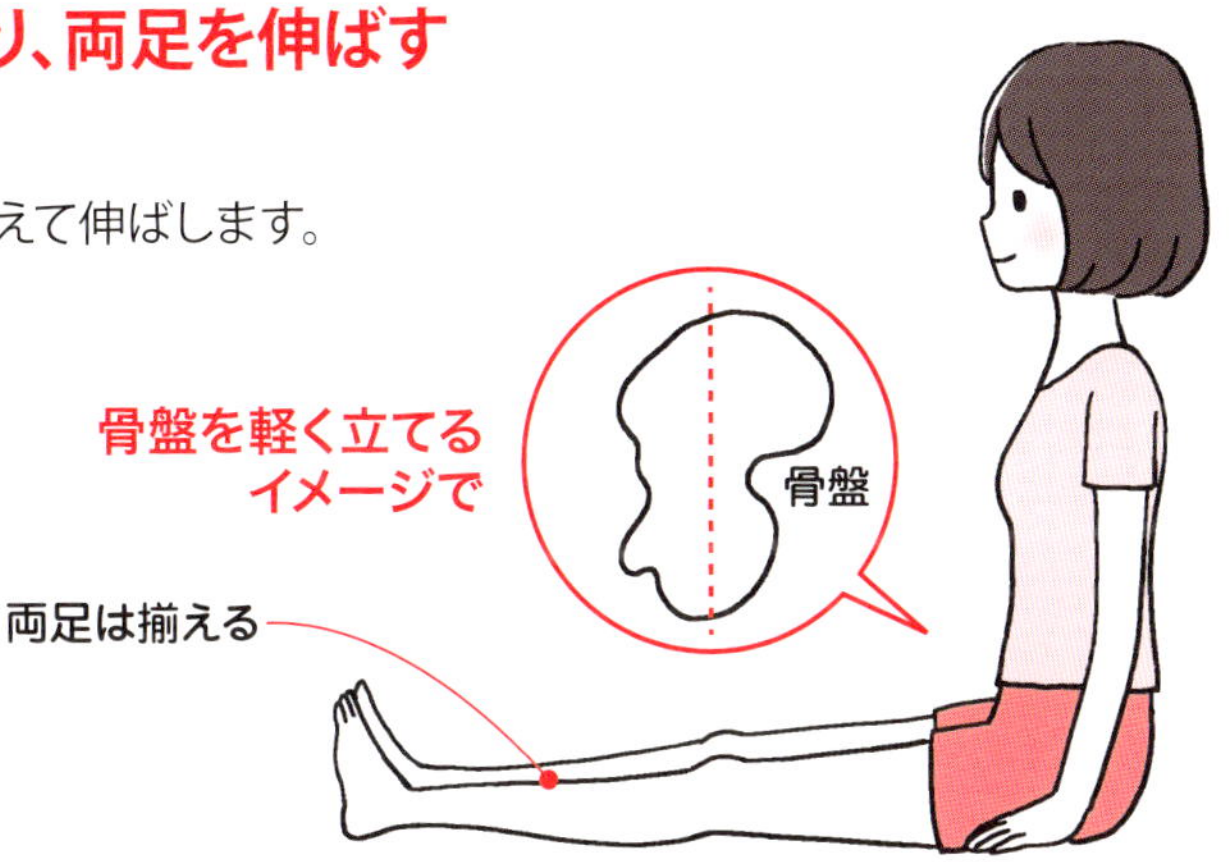

2 上半身を前に倒す

上半身を前に倒し、太ももの後ろ側が軽く伸びるようにします。この状態で10秒間キープします。

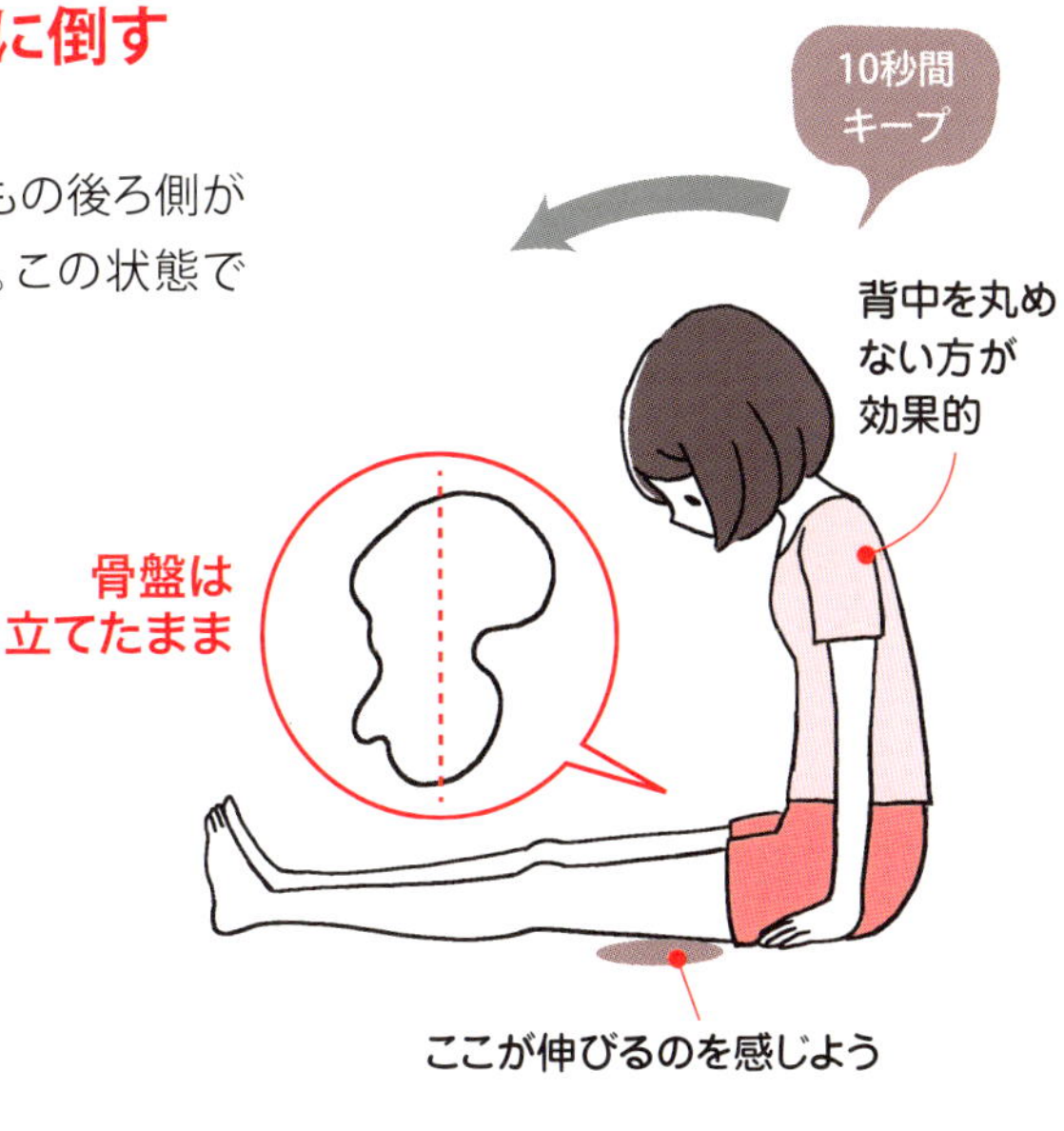

5回繰り返す

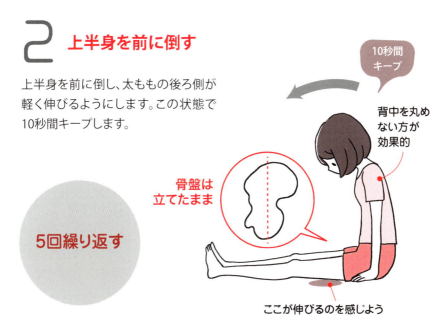

背中のストレッチ

1 床に座り、両足を伸ばす

床に座り、両足を揃えて伸ばします。

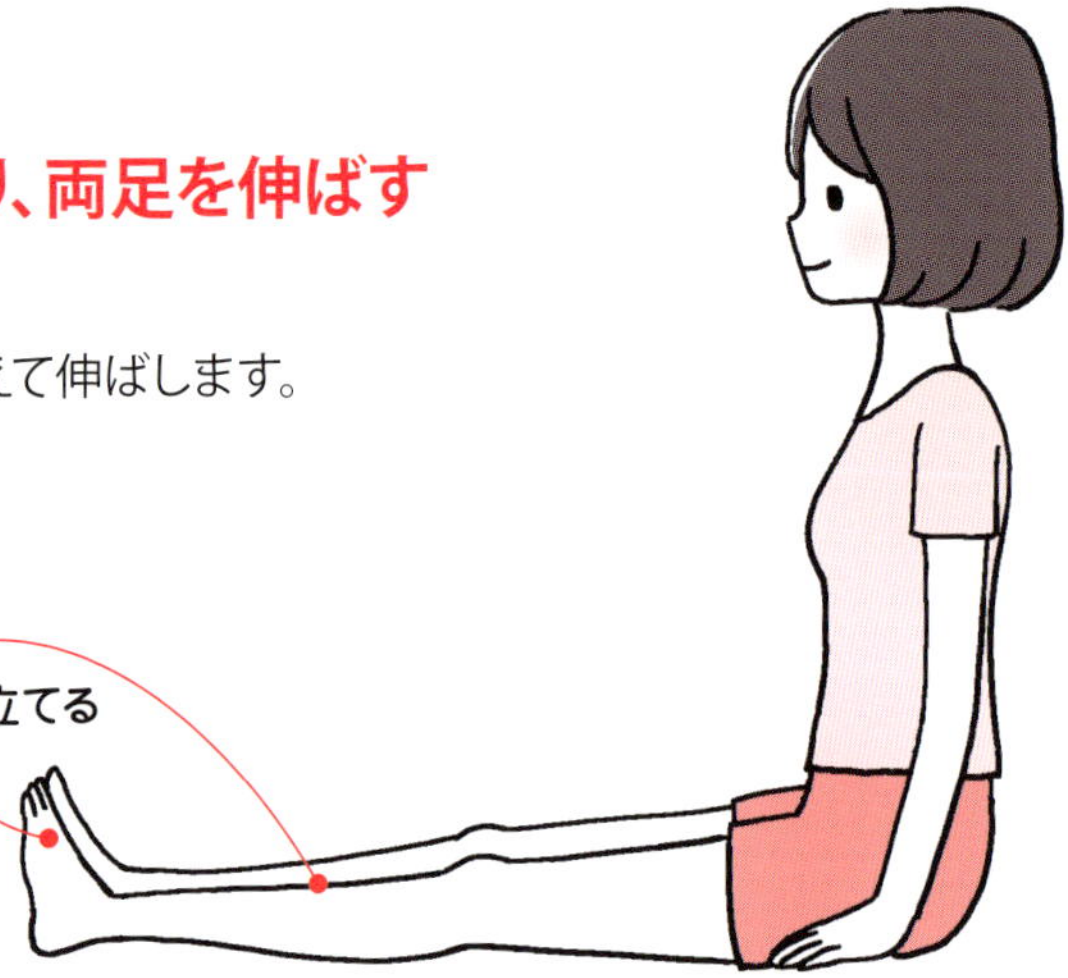
両足を揃え、
つま先は軽く立てる

2 両手を頭の方へ伸ばす

腰を軽く丸め、両手を頭の方に伸ばします。

腰は
軽く丸める

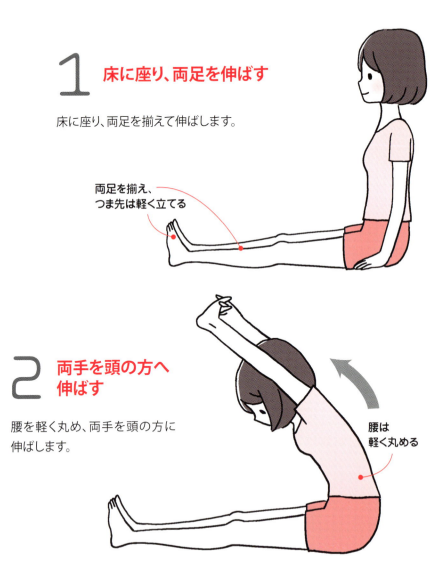

3 上半身を前に倒す

上半身を前に倒し、背中が軽く伸びるようにします。
この状態で10秒間キープします。

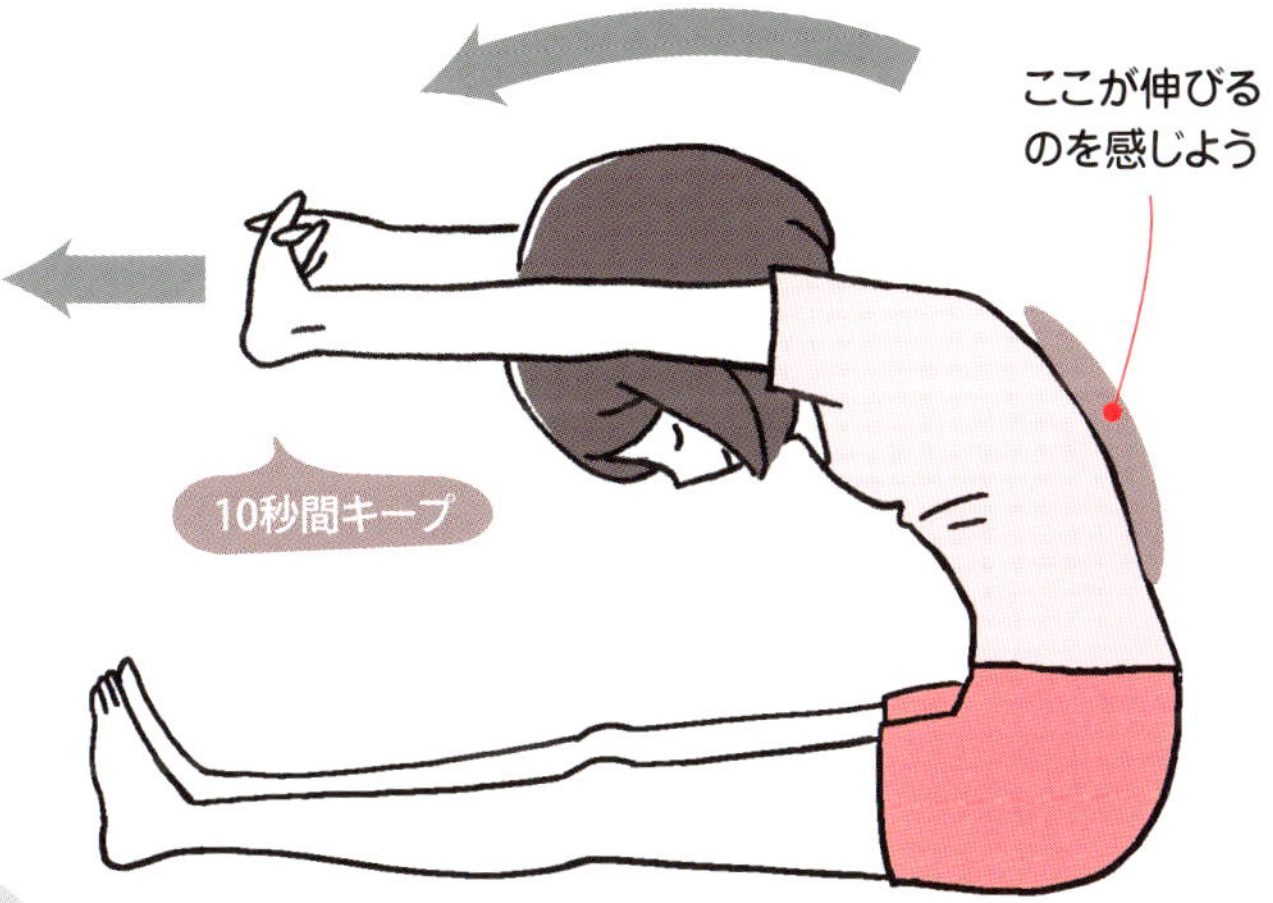
ここが伸びる
のを感じよう
10秒間キープ

5回繰り返す

あごは引きすぎない
ように

首のストレッチ

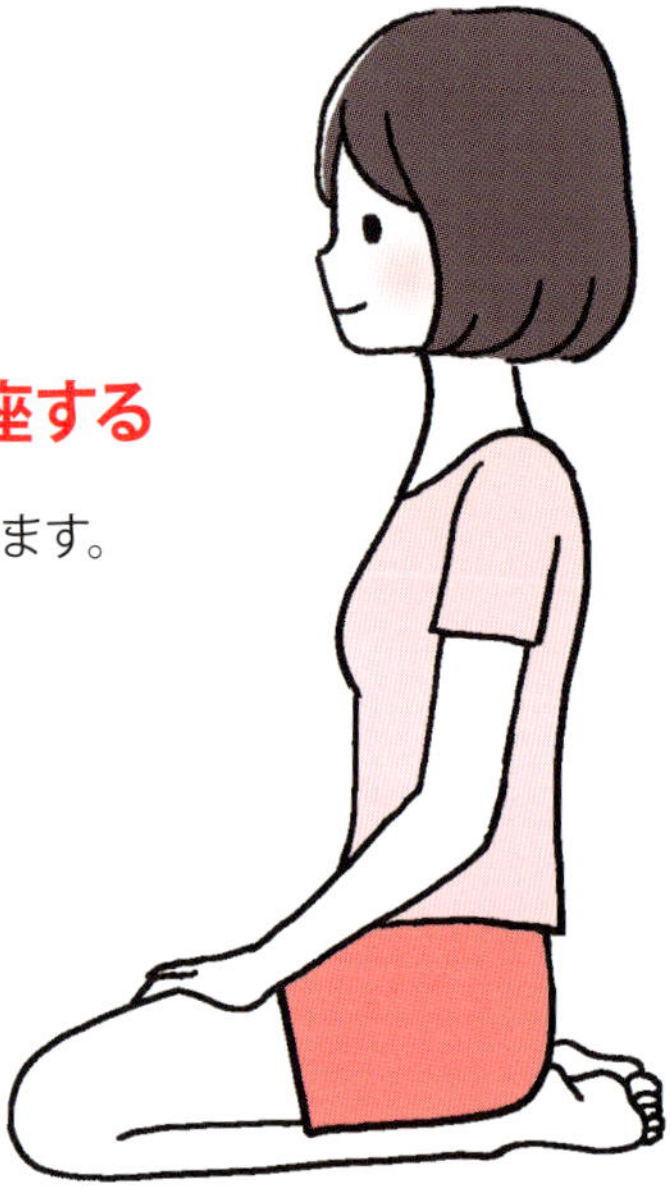

1 床に正座する

床に正座します。

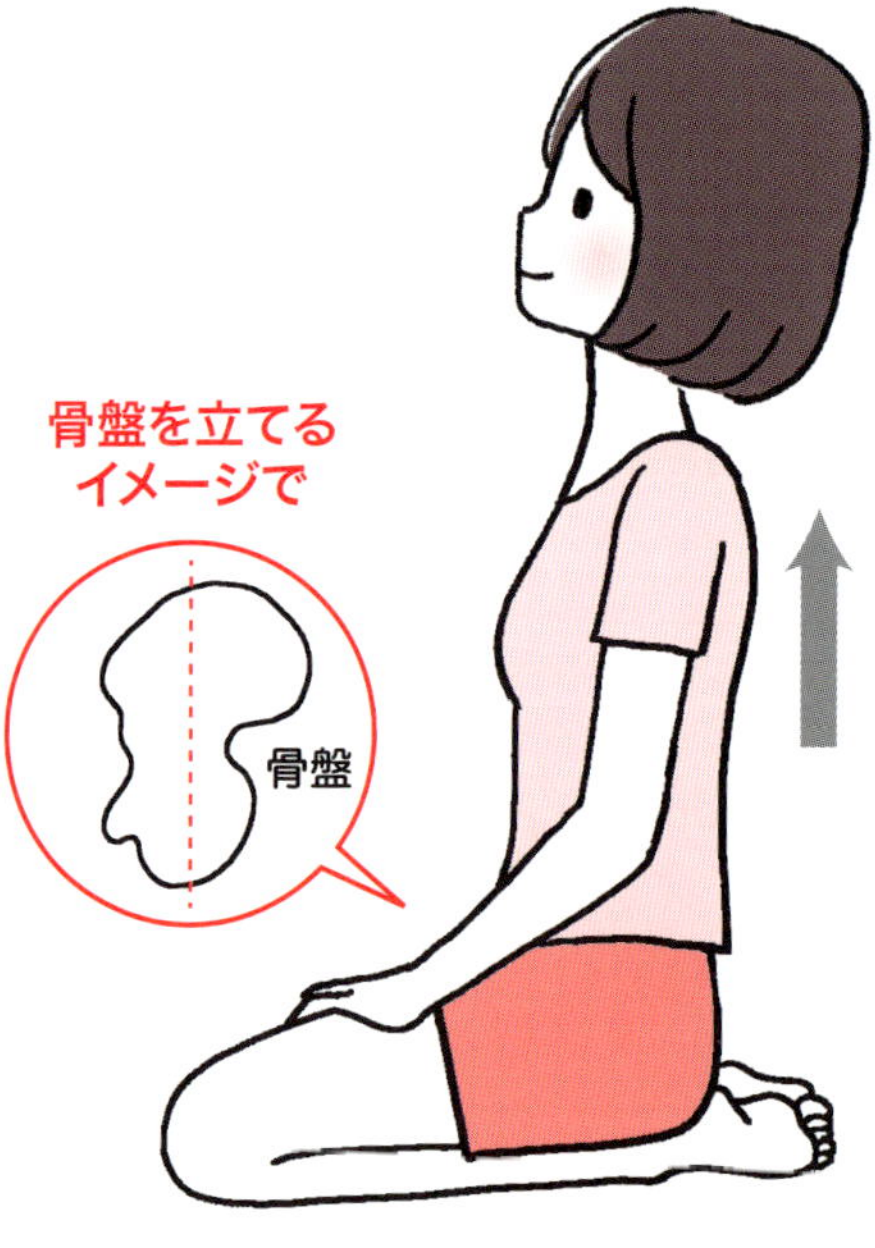

2 軽く伸びをする

骨盤を軽く立てて、上半身は
軽く伸びをします。

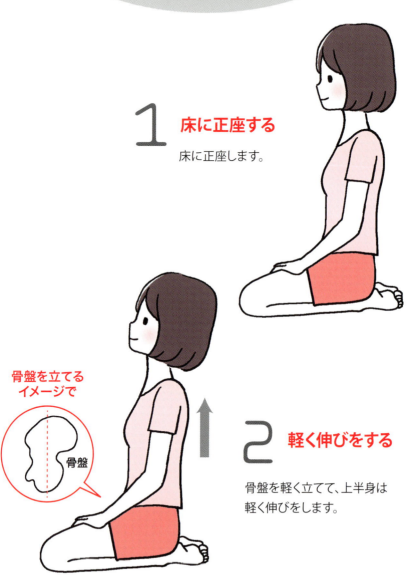

3 ゆっくりとあごを引く

あごを引きながら、ゆっくりとあごを鎖骨の間につけるようにして、5秒間キープします。

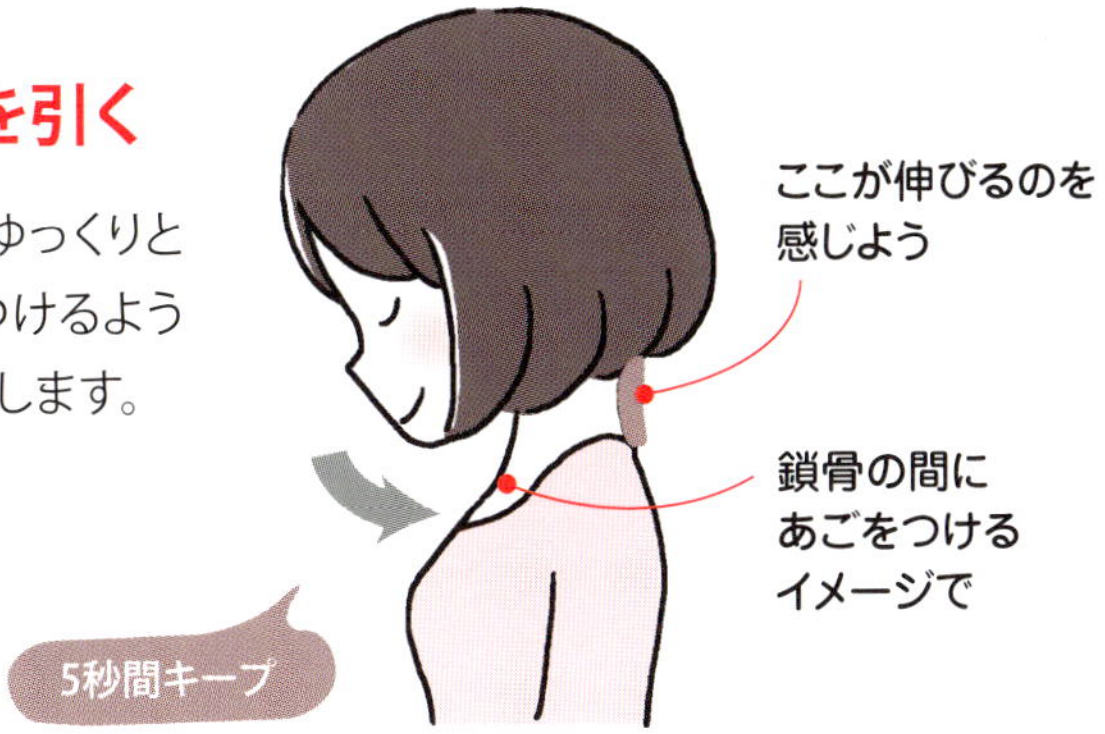
ここが伸びるのを感じよう
鎖骨の間にあごをつけるイメージで
5秒間キープ

4 ゆっくりとあごを上げる

ゆっくりとあごの先を上に向けて、5秒間キープします。

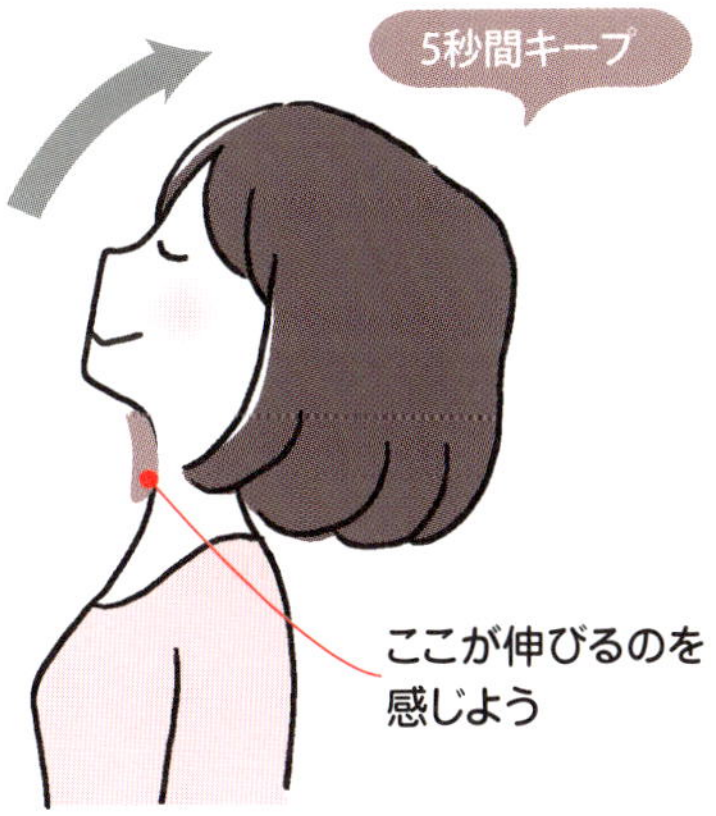
5秒間キープ
ここが伸びるのを感じよう

3〜4を
1セットとして
5セット行う

首をポキポキ鳴らさないように、また反動はつけずにゆっくり行ってください

赤ちゃんを授かったばかりのお二人へ

新たなご家族を迎えて、嬉しい気持ちと、大変な思いと、心配ごと、そして不安な気分がお二人には同居していることと思います。それは、女性の方がより強く感じていることをご主人には知って欲しいと思うのです。

女性には、がんばり屋さんが多いと思います。

少子高齢化に伴い、日本の労働人口は減少の一途を辿《たど》っています。ところが、正規雇用者数はこの30年間、ほとんど変わらない人数を維持しています。それは多くの女性が社会に出て働いているからですね。ところが、女性が社会に出て働いていても、家事や育児は相変わらず女性が主体となって行っています。それでは女性も体を壊すでしょうし、産後のうつで苦しむ人が出てくるのも当たり前といえるでしょう。

ですから、産後くらいはひと息ついてもらってもよいと思うのです。

結婚してから出産までがんばってくれた妻の体と心を休める時間作りのために、ご主人はいつもより10分早く起き、10分早く帰宅し、10分遅く寝て、そしてテレビを見る時間を20分減らして欲しいのです。その時間を家事や育児のために使うだけでも、産後の大変な時期の女性にとっては大きな助けとなります。

私の願いは、一人でも多くの人が、老後も健康で元気に暮らせるようになること。私のところで提供しているO脚矯正は、元々変形性膝関節症《へんけいせいしつかんせつしょう》の改善から生まれたものですし、小顔矯正は顎関節症《がくかんせつしょう》の改善のためでした。そして産後ケアは尿漏れや子宮脱など多くの女性が将来引き起こす問題の予防のために開発したもので、単に美容だけを追求したものではありません。

あなたの妻である女性の悩みを解消するためにもあなたの助けが必要ですが、これは10年後、20年後のご夫婦の問題の解消のためでもあります。

少しでもきれいな体型になりたいという女性の願いは、男性からすれば単なる美的な欲求に映るかもしれません。でも、女性には本能的に「きれいと健康は一体化している」と分かっているからこそ、自然に出てくる欲求なのですね。

お二人の近い将来のために、また、お二人が幸せな時間を少しでも長く過ごせるように、女性の産後ケアに積極的に協力して欲しいと思います。男性も仕事がきついことは私も同じ男性としてよく分かります。ですが、産後の女性はそれ以上に大変な状態なのですから、家族のために少しだけ自分の時間を家事や育児に使うようにし、女性を労《いたわ》ってあげて欲しいと思います。

最後に女性側にも一言を贈りたいと思います。夫婦がお互いを慮《おもんぱか》り、お互いを大切にする。特にこの産後の時期だからこそ一番必要とされることです。お腹を痛めて産んだ赤ちゃんですからとてもかわいいと思いますが、子育てはパートナーとの愛を育んでこそうまくいくものです。産後の大変な時期に育児という重労働ですから、どうしても気持ちは赤ちゃんに傾くのも分かります。ですが、男性への感謝を口にし、そして愛を言葉にして応えるようにすると、赤ちゃんは愛を理解し健《すこ》やかに育つと思います。

産後を有意義に過ごして、お二人でよい子に育ててくださいね。

山田光敏

Staff
装丁　一瀬錠二（Art of NOISE）
装画　中島慶子
本文デザイン　高橋デザイン事務所（高橋芳枝）
イラスト　成瀬　瞳
校正協力　株式会社ぷれす
編集協力　オフィス201（小形みちよ、中西翔子）

著者紹介
山田光敏（やまだ みつとし）

北海道に生まれる。鍼灸マッサージ師。

不妊に悩む女性に対してや、産後のケア、赤ちゃんの発育などに対するさまざまな相談や施術を行う傍ら、日本各地で講演活動を行っている。

主な著書に、『赤ちゃんができる子宝マッサージ』『妊婦マッサージ』『産後骨盤ダイエット』『健康な子、元気な子に育つ　ベビードレナージュ』（以上、PHP研究所）、『モテ脚 お腹やせ骨盤ダイエット完全版』（主婦と生活社）など多数。

●子宝治療院
http://www.akatyan.jp/
TEL 03-3541-4124

●東京ボディセラピストサロン
http://www.tokyobody.jp/
TEL 03-3983-8081

●銀座エミール
http://www.drainage.jp/
TEL 03-3549-8081

産後美尻ダイエット
～産後の下半身太り＆たるみをみるみる解消！

2016年11月7日　第１版第１刷発行

著　者　山田光敏
発行者　安藤　卓
発行所　株式会社PHP研究所
京都本部　〒601-8411　京都市南区西九条北ノ内町11
文芸教養出版部
生活文化課　☎075-681-9149（編集）
東京本部　〒135-8137　江東区豊洲5-6-52
普及一部　☎03-3520-9630（販売）
PHP INTERFACE　http://www.php.co.jp/
印刷所　図書印刷株式会社
製本所　東京美術紙工協業組合

ISBN978-4-569-83446-7